W0175796

Norbert Golluch

Der Ehe FÜHRERSCHEIN

Norbert Golluch

Textliche Mitarbeit und Beziehungsberatung: Nadja Gräfrath

Der Ehe FÜHRERSCHEIN

Was du wissen musst, wenn du DICH TRAUST

riva

Inhalt

Was du nicht in diesem Buch findest

Hier findest du keine Vorlagen für Hochzeitseinladungen, keinen Ratgeber für den Umgang mit Behörden, keine Liste der besten Hochzeitslokale oder Reiseziele für die Flitterwochen, keinen Schwiegermutterbewertungstest, keine Typologie der potenziellen Partner. Welche Typen du erotisch vermeiden solltest, musst du schon selbst herausfinden. So viel Menschenkenntnis, nämlich ob einer oder eine Klette, Fummler, Poser, Drama-Queen und Rudelbumser ist, wird hier vorausgesetzt. Schließlich hast du dich ja schon für irgendjemanden entschieden.

Ja sagen?
Oha, das kann gefährlich werden …

Der Unterschied zur Fernbeziehung sollte dir und deinem Partner klar sein: Wenn er oder sie nervt, wird abgeschaltet – online ist alles einfacher. Was euch jetzt blüht: derselbe Mensch den ganzen Tag und womöglich noch die ganze Nacht. Eigentlich immer auch die ganze Nacht … Aber ihr wollt es ja so.

Hinzu kommt: Zweierbeziehungen sind nicht aus Stahl und Beton, wie manche annehmen, sie sind äußerst fragile Gebilde. Nicht nur Marmorstein und Eisen brechen, schon Frisuren können Beziehungen beenden – und ein einziger dummer Spruch. Dann ist da noch das Ding mit Treue und Untreue … Gut, da hast du sicher schon früher darüber nachgedacht, aber jetzt kriegt es eine andere Dimension – denn du wirst verheiratet sein. Und Flirten ist ein gewagtes Ding – ist ein simpler Kuss schon Untreue? Die Abende im Club werden ohnehin seltsam langweilig. Sieht man dir vielleicht schon an, dass du heiraten willst? Zwei- oder mehrgleisig lieben – damit ist vorerst Schluss. Einmal drin, alles hin! Überleg es dir also genau, denn ein 14-tägiges Rückgaberecht wie im Onlinehandel gibt es nicht. *What you see is what you get.* Du solltest da lieber mal etwas genauer hinsehen!

Aber nehmen wir das jetzt mal alles nicht so negativ …

Kopf hoch, ihr seid ein spontanes Paar, das sich erst gestern oder vorgestern oder vielleicht auch vor ein paar Wochen kennengelernt hat und seine Beziehung schon jetzt mit Brief und Siegel untermauern will? Überhaupt kein Problem! Nichts würdest du im Augenblick ja lieber tun, als diese Frau oder diesen Mann heiraten? Dann ist ja alles völlig in Ordnung – hoffentlich bleibt es so …

MACH DICH AUF
EINIGES GEFASST ...

Vergiss nicht: Anfangs ist so eine Ehe ein großartiger Liebesrausch und nur ein bisschen gemeinsame Konfliktbewältigung. Zu den schwierigsten Fragen in dieser Phase deiner Beziehung gehört zum Beispiel diese: Wenn du, aus welchem Grund auch immer, vom geliebten Partner räumlich getrennt bist und ihr nur per Telefon miteinander reden könnt, wer beendet dann das Gespräch, indem er oder sie auflegt? Dasselbe bei WhatsApp: Wer platziert den letzten Post? Ich liebe dich – ich liebe dich noch viel mehr – ich liebe dich so, dass du dir das gar nicht mehr vorstellen kannst – das ganze Internet ist voll von dir, du bist überall und deshalb kann ich nicht aufhören ...

Später jedoch taucht dieses Problem immer seltener auf – und ganz hinten am Beziehungshorizont erscheinen echte Diskussionspunkte. Es geht nicht mehr darum, wer den anderen mehr liebt oder noch mehr, sondern eher darum, wer den Müll runterbringen soll oder wer den Lieblingsjoghurt des anderen aus dem Kühlschrank weggefressen hat. Aber auch das ist noch Eheleben *light*. Es dauert eine Weile, doch dann kommt *Hardcore*.

- Ist es wirklich so wichtig für sie, dass er schon am Geruch bemerkt, wenn sie nach dem Sport die Wohnung betritt, oder sollte sie lieber duschen? Wie sagt er es ihr, ohne dass sie gleich eingeschnappt ist?

- Es kann ja sein, dass er es gar nicht bemerkt, wenn er nachts im Bett pupst, aber muss es ausgerechnet beim Essen sein? Seine Mutter hat am Sonntagnachmittag ganz schön pikiert geguckt …

- Ist sie wirklich nervös, wenn sie an den Fingernägeln kaut oder will sie ihn nur nerven? Muss sie ihn jedes Mal anmeckern, wenn er ein bisschen in der Nase popelt?

Diese existenziellen Fragen tauchen so oder in abgewandelter Form irgendwann in jeder Beziehung auf, aber wir müssen sie jetzt noch nicht beantworten.

Sei aber schon einmal vorgewarnt und umschiffe die ersten Probleme durch Selbstbefragung …

FRAGEN, DIE MAN SICH SELBST SCHON VORAB BEANTWORTEN SOLLTE

Sein Liebesleben locker und spontan zu gestalten, macht sicherlich am meisten Spaß, kann aber auch zu beachtlichem Durcheinander und erotischen Komplikationen der dritten Art führen – einem beinahe außerirdischen Beziehungs-Tohuwabohu. Besser ist es, zumindest den eigenen Standpunkt genau zu kennen und zu wissen, von wo aus man eigentlich auf die nächste vergnügliche Katastrophe zusteuert. Wo stehen du und dein Partner/deine Partnerin in den folgenden Angelegenheiten?

Heißer Feger,
aber auch tipp-topp im Team?

Es könnte sein, dass du im Rausch der Hormone realitätsblind wirst und heiße Nächte mit großer Liebe verwechselst. Schmetterlinge im Bauch fühlen sich zwar gut an, helfen aber nicht bei Kakerlaken in der Küche, Stress im Stau, überquellenden Mülleimern oder Streit mit dem Vermieter. Bist du dir sicher, dass dein Partner oder deine Partnerin – und auch du selbst –, dass ihr jenseits der Leidenschaft belastbar und teamfähig seid? Für Chaos-Management im Haushalt brauchst du keine Liebesschwüre, sondern gegenseitige Wertschätzung, Verständnis und Sympathie – Qualitäten, die länger halten als der Liebesrausch.

Geizhals, Buchhalter oder Verschwender?

Es gibt viele Methoden, mit Geld umzugehen, und die haben unter Umständen Auswirkungen auf das Zusammenleben. In den ersten Wochen einer Beziehung schmeichelt es vielleicht dem männlichen wie dem weiblichen Ego, tolle Geschenke zu kriegen, aber noch werden die auch nicht von einem gemeinsamen Konto bezahlt. Noch imponiert ihr, dass er den Scheinwerfer gibt und die Kohle mit vollen Händen aus dem Fenster wirft, um sie zu beeindrucken. Gut, der Edelstein am Verlobungsring ist ein beachtlicher Klunker – wie wunderbar! Doch schon in den ersten Monaten der Beziehung dämmert ihr wahrscheinlich, dass er nicht mit Bill Gates oder Dagobert Duck verwandt ist und dass jedes Mal ein riesiges Loch im Konto klafft und der Kontostand ins Bodenlose fällt, wenn er wieder mit einem bemerkenswerten Geschenk Eindruck schinden musste. Außerdem fällt ihr womöglich auf, dass er nicht nur sie, sondern auch sich selbst und wer weiß wen sonst noch alles mit Geschenken beglückt.

Hast du so einen originalen männlichen oder weiblichen **Vollverschwender** erwischt, solltest du dich fragen: Sind meine Schulden und seine/ihre Schulden zusammen unsere Schulden? Wenn du konsequent bist, wirst du ihn/sie vielleicht relativ schnell wieder los – nicht aber die roten Zahlen auf dem Konto …

Kein Finanzrisiko, aber auch ganz schön nervig sind **Buchhaltertypen**, zu erkennen daran, dass sie sich beim Bäcker Quittungen für die Brötchen geben lassen und auf exakte Teilung der Rechnung bestehen, wenn ihr gemeinsam essen geht – selbst wenn sie es waren, die die Einladung ausgesprochen haben. Später in der Beziehung nerven sie durch genaue Buchhaltung und belegen dir alle drei Tage, dass du euren gemeinsamen Besitzstand in Kürze voll gegen die Wand fahren wirst. Wenn ein Buchhaltertyp dazu noch geizig ist, verdirbt er dir nicht nur den Spaß am Geldausgeben – nein, du kannst deinen oder euren Wohlstand nicht mehr genießen und verlierst letztlich den Spaß am Leben. Gegenmittel: strikte Gütertrennung – oder lieber gleich den Partner wechseln.

Mach dir auch klar, dass es Katastrophenszenarien gibt, in denen eigentlich Übereinstimmung zu herrschen scheint: Zwei Verschwender sind zwar ein Herz und eine Seele, aber vermutlich ständig pleite und die besten Kunden bei der SCHUFA. Zwei geizige Bausparer kriegen zwar irgendwann ihr Haus, führen aber so ein verkniffenes und spaßloses Leben, dass spätestens bei der letzten Rate die Beziehung eine gründliche Renovierung oder ein Kind als Rettungsanker braucht.

Wilde Orgien oder Routine im Bett?

Anfangs geht alles automatisch-orgiastisch. Er und sie sind wild aufeinander, viel kann da nicht schiefgehen. Mutter Natur hat das so vorgesehen, sie will ja schließlich möglichst zügig Enkel. Vielleicht rächt sie sich für die heimliche Verhütung, indem sie nach und nach die Luft aus der Liebe lässt – so ultrageil wie am Anfang klappt es bereits nach ein paar Monaten oder spätestens nach zwei bis drei Jahren nicht mehr. Nur Glückspilze und Seelenverwandte in Seifenopern schaffen es länger. Du solltest im Voraus ein paar Gedanken an diese Sache verschwenden, sonst heißt es eines Tages: »I guess you call this love – I call it service!« (Leonard Cohen)

Miteinander reden – wie geht denn das?

Scherzen, schmeicheln, Komplimente machen – alles kein Problem. Es gibt auch Paare, die verstehen sich ohne ein einziges Wort – anfangs. Aber irgendwo zwischen dem intensiven Süßholzraspeln und allen Liebesschwüren lauert die Wirklichkeit, die sich irgendwann mit dem Satz »Da müssen wir jetzt aber mal wirklich darüber reden!« Bahn bricht. An dieser Stelle entscheidet sich unter Umständen, wie lange eure Beziehung halten kann. Ungeschicktes Gestammel, sich gegenseitig Vorwürfe machen, sich schlagende Argumente um die Ohren hauen und sofort in Streit geraten – das alles deutet darauf hin, dass die Wetteraussichten für eure Beziehung schlecht sind. Sich gegenseitig zuhören, Argumente austauschen, auch Sorgen und Kritik äußern, ohne befürchten zu müssen, dass der Partner dies ausnutzt – dann stimmt die Prognose.

Echte Liebe?

Dass der sexuelle Rausch in den ersten Tagen einer Beziehung der Beginn einer echten Liebe sein kann, ist jedermann bekannt. Aber bleibt das, was man Liebe nennt, auch beständig und dauerhaft?

Freust du dich darauf, den Partner zu sehen? Genießt du die Nähe des anderen und die Berührungen auch jenseits aller sexuellen Aktivitäten? Verteidigst du den Partner gegen falsche Einflüsterungen? Gibt es Respekt und Hochachtung vor dem Partner, hast du

Vertrauen zu ihm, das ohne Eifersucht auskommt? Lässt du dem anderen seine Freiheiten? Geht die Hilfe zwischen euch über kleine Gefälligkeiten hinaus? Bleibt euch aber auch die Freiheit, Hilfe abzulehnen, wenn der jeweils andere keine Hilfe möchte? Dann könnte es echte Liebe sein.

Single-Autonomie oder Paar-Paradies?

Auf jeden Fall solltet ihr eure Einstellung zum Problem Nähe und Distanz rechtzeitig klären – die Vorstellungen können nämlich ganz schön unterschiedlich sein. Hier die beiden polaren Standpunkte: Autonome Menschen brauchen in der Paarbeziehung ihre Freiräume und leben auch zusammen weiter, als wären sie Singles – solche mit gewissen Vorzügen eben. Eigene Zimmer sind für sie selbstverständlich, ein gemeinsames Schlafzimmer geht gar nicht, denn jeder von den beiden schätzt seinen ungestörten Schlaf ohne die Hand des anderen im Gesicht und ohne die seltsamen Laute, welche der Partner wie auch immer produziert. Auch die Liebe profitiert auf Dauer von getrennten Schlafplätzen, wenn dem Lebensgefährten morgens nicht der vollaromatische Hauch aus dem Mund des Gegenübers entgegenschlägt – diese Beeinträchtigung kann selbst ein freundliches Lächeln nicht so einfach ausgleichen. Sex? Muss es denn unbedingt im Ehebett sein? Es gibt doch so viele spannende Plätze innerhalb und außerhalb der Doppel-Single-Wohnung! Und Urlaub kann man durchaus mal getrennt machen.

Wieder andere Menschen verschmelzen förmlich zu einem Traumpaar, umklammern einander unentwegt wie Koalas im Liebesrausch, können voneinander nicht lassen und blühen im privaten Pärchen-Paradies auf. Sie schlafen im 90-Zentimeter-Bett, könnten beim Frühstück mit einem einzigen Stuhl auskommen und kriegen massive Entzugserscheinungen, wenn sie länger als ein paar Minuten voneinander getrennt sind. Wie Liebesmagnete ziehen sie einander an – und dann auch sofort wieder aus …

Familienmenschen oder Desperados?

Lebensträume müssen zueinander passen. Wenn sie oder er ein paar Kinder, ein Eigenheim im Grünen und trautes Familienleben mit dem Partner bis zur Rente möchte, der oder die andere aber abenteuerliche Reisen in jede Region der Erde, kreative Selbstverwirklichung als Künstler in den Großstädten dieser Welt inklusive emotionaler Freiheit anstreben will, bleibt auf jeden Fall einer von zwei Lebensträumen auf der Strecke. Das hält auch die größte Liebe auf Dauer nicht aus – irgendwann kommt die Trennung und das, was für immer gelten sollte, wird zu einer Art Mehrfach-One-Night-Stand.

Glimmstängel in der Partnerschaft?

So klein und doch so gefährlich: Mit ihren gerade mal knapp 75 Millimetern besitzt die Zigarette eine enorme Zerstörungskraft – für die Gesundheit, das ist wohl jedem klar. Doch auch für eine Beziehung kann der regelmäßige Gang in die Raucherpause eine nicht zu unterschätzende Vergiftung darstellen. Die Eskalationsstufen sind dabei meistens dieselben: Solange beide Partner leidenschaftlich und gerne rauchen – oder eben nicht rauchen, gibt es in der Beziehung keine Harmonieschwankungen. Spannend wird es erst, wenn es asymmetrisch wird, wenn einer von beiden plötzlich seine Leidenschaft fürs Qualmen entdeckt oder, noch schlimmer, dem Glimmstängel den Kampf ansagt. Die neue Lebensaufgabe des Ex-Rauchers besteht nun darin, den Partner ebenfalls zu dieser mutigen und schweren Lebensveränderung zu bewegen. Ein schiefer Haussegen ist garantiert und entspannte Abendstunden auf dem Balkon in aromatischem Tabakrauch gehören der Vergangenheit an.

Party-Tiger oder Couch-Potato?

Wenn ein Partner regelmäßig nach zu viel Alkohol über der Kloschüssel hängt, der andere dafür beim Gedanken an Menschenmassen und grenzwertig laute Musik Panik und einen Würgereiz bekommt, gerät die Beziehung in Schieflage. Hinter dieser plakativen Darstellung steht die schwierige Frage einer gemeinsamen Freizeitgestaltung, die frühestmöglich geklärt werden sollte. So sehr man es sich auch wünschen mag: Aus einem leidenschaftlichen Stubenhocker wird niemals ein auf den Tischen tanzender Amateur-Stripper. Genauso wenig entdeckt eine wandelnde Diskokugel urplötzlich ihre verborgene Liebe für »Netflix and Chill« am Wochenende, wenn irgendwo anders ein Geburtstag ansteht. Aufgrund des hohen Konfliktpotenzials ist es ratsam, die eigenen Bedürfnisse von Anfang an nicht allzu sehr in den Hintergrund zu stellen. Natürlich sollte man sich seinem Partner zuliebe auf den 80. Geburtstag von Oma Gertrude zwingen. Auch die Einladung zur Silberhochzeit der Eltern sollte man um des Friedens willen nicht unbedingt mit »Nö lass mal, kein' Bock!« ausschlagen – am Ende ist bei der Frage nach »raus oder zu Haus?« jedoch wie so häufig im Leben entscheidend, dass man ungefähr auf derselben Wellenlänge tanzt.

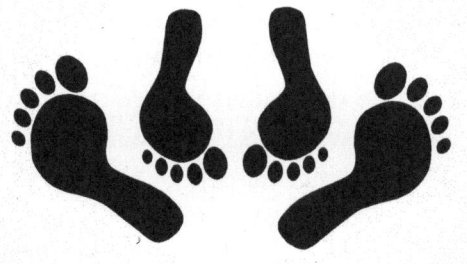

MÄNNER, FRAUEN, SEX – EIN BISSCHEN UNNÜTZES WISSEN

Egal, welchen Beziehungsstatus du innehast – das Thema Sex ist im Laufe deines Lebens immer irgendwie von Bedeutung. Deshalb gibt es hier und heute noch einige Zusammenhänge, die dir vielleicht nicht klar sind. Mann und Frau liegen sicher nicht ganz falsch, wenn sie annehmen, dass das Wissen über die menschliche Erotik durchaus ein Upgrade vertragen kann, damit es nicht zu Fehleinschätzungen und Irrtümern kommt. Daher ist es durchaus hilfreich und erfreulich, dass gewisse Sachverhalte sogar in akademischen Studien untersucht und schwarz auf weiß festgehalten werden. Die nachfolgenden Fakten gehören nicht unbedingt zur Allgemeinbildung in Sachen Ehevorbereitung, es schadet aber nicht, wenn man sie auf dem Schirm hat …

- Socken steigern die Orgasmusfähigkeit! Socken an den Füßen des Mannes gelten im Bett nicht zu Unrecht als Liebestöter, doch der Wissenschaftler Gert Holstege von der Uni Groningen konnte schon 2003 belegen, dass 80 Prozent der Frauen bei einem Liebesakt einen Orgasmus erleben, wenn sie warme Füße haben, also Socken tragen. Mit nackten Füßen schaffen es nur ungefähr 50 Prozent. Die Ursache: Kalte Füße signalisieren dem Gehirn Kälte, Angst und Gefahr – also eher Panik als sexuelle Lust.

- Orgasmen täuschen Frauen vor allem vor, um den Partner von einer sexuellen Neuorientierung mit einer anderen Frau abzuhalten. Sie wollen ihren Partner also am Fremdgehen hindern – so Dr. Farnaz Kaighobadi in einer Studie an der Columbia University, New York.

- Am Gang lässt sich erkennen, ob eine Frau leicht zum Orgasmus kommt. Das wichtigste Indiz ist die größere Beckenrotation beim Gehen. Eine schwungvolle Hüfte, wie sie etwa Marilyn Monroe zeigt, deutet auf das leichte Erreichen des Höhepunktes hin – meinen Aurelie Nicholas, Stuart Brody, Pascal de Sutter und François de Carufel, das Autorenteam einer Studie an der Université catholique de Louvain in Belgien aus dem Jahr 2008.

- Die Lippen verraten es – nach einer anderen Studie, verfasst von Stuart Brody und Rui Miguel Costa und veröffentlicht 2011 im *Journal of Sexual Medicine*, offenbaren die Lippen einer Frau, wie es um ihre Befähigung zum Orgasmus steht. Je deutlicher der Amorbogen – die Einbuchtung in der Mitte der Oberlippe – ausgeprägt ist, desto eher kann die Frau die vaginale Klimax erreichen.

- Den Zusammenhang zwischen Tanzstil und Attraktivität untersuchten 2010 die Wissenschaftler Nick Neave, Kristofor McCarty, Jeanette Freynik, Nicholas Caplan, Johannes Hönekopp und Bernhard Fink mithilfe der dreidimensionalen Motion-Capture-Technik. Sie erfassten die Tanzbewegungen von 19 Männern, wandelten die Bilder digital zu gesichtslosen Avataren um und ließen 39 Frauen die jeweilige Attraktivität beurteilen. Mit großem Erfolg bei Besucherinnen im Club kann demnach derjenige Tänzer rechnen, der Abwechslung und die richtige Amplitude in die Bewegungen von Nacken und Rumpf bringt und das rechte Knie mit der richtigen Geschwindigkeit rotieren lässt.

- Ein überdurchschnittlicher IQ und ein höherer Bildungsgrad sind förderlich für die sexuelle Lustfähigkeit. Sie steigern die Orgasmushäufigkeit – erforschten Esther Herberich, Torsten Hothorn, Daniel Nettle und Thomas V. Pollet 2010 in einer Studie an der Ludwig-Maximilians-Universität München. Sehr praktisch daher die folgende Erkenntnis …

- Sex erhöht die Intelligenz – Barry Komisaruk von der Universität Newark fand 2013 heraus, dass der IQ messbar steigt, wenn es nach einer Zeit ohne Sex wieder zu Orgasmen kommt. Die Ursache liegt in der guten Durchblutung und verbesserten Ernährung des Gehirns durch den Liebesakt. Der Forscher sieht darin ein Potenzial für die Behandlung von Depressionen, Angstzuständen, Schmerz, Sucht und Fettleibigkeit durch eine »Orgasmus-Therapie«.

- Bigger is better! Millionen Männer verlieren alle Illusionen, wenn die Ergebnisse der 2012er-Studie von Stuart Brody, University of West Scotland, tatsächlich zutreffen sollten. Er untersuchte das Sexualleben von 323 Studentinnen und kam zu dem Ergebnis: Frauen erreichen leichter den sexuellen Höhepunkt, wenn ihr

Partner über einen Penis verfügt, der die durchschnittliche Länge von 14,7 Zentimetern übertrifft.

- Wie bekommt Mann bzw. Frau nun aber diskret Informationen über die Penisgröße? Zwei Urologen aus London, Jyoti Shah und Nim Christopher, widmeten sich dem Zusammenhang von Schuhgröße und Penisgröße, einer im Volksglauben immer wieder genannten Relation ähnlich der Verbindung von Nase und männlichem Geschlechtsorgan. Sie vermaßen die Füße und die Geschlechtsorgane von 104 Versuchspersonen auf der Suche nach einer erkennbaren Beziehung – blieben jedoch leider ohne Erfolg.

- Penisgröße an der Hand ablesbar! Zu einem eher praxistauglichen Ergebnis kamen die koreanischen Urologen Ho Choi, Khae Hawn Kim, Han Jung, Sang Jin Yoon, Soo Woong Kim und Tae Beom Kim 2011 in ihrer Studie »Second to fourth digit ratio: a predictor of adult penile length«. Nach ihren Erkenntnissen ist die Penisgröße an der Fingerlänge ablesbar oder wissenschaftlich präzise: Je niedriger das Verhältnis von Zeige- zu Ringfinger, desto länger der Penis. Verständlicher gesagt: Ist der Zeigefinger kürzer als der Ringfinger, so ist das beste Stück des Mannes von der langen Sorte.

- Dicke können länger – türkische Wissenschaftler von der Erciyes-Universität in der türkischen Millionenstadt Kayseri veröffentlichten 2014 im Fachmagazin *International Journal of Impotence Research* eine Studie, in der die männliche Standfestigkeit im Zusammenhang mit dem Körpergewicht untersucht wurde. Sie fanden heraus, dass Männer mit leichtem Übergewicht im Vorteil sind, was ihr Durchhaltevermögen betrifft. Mollige Männer standen etwa 7,3 Minuten ihren Mann, während der Typ Spargeltarzan nur zwei Minuten erreichte.

- Dessous und Sexspielzeug sollen die sexuelle Erregung steigern und den Höhepunkt garantieren. Das funktioniert – manchmal. Einen ziemlich sicheren Weg zum erfüllten Liebesspiel und sexueller Zufriedenheit fanden Dr. David Frederick (Chapman University), Dr. Janet Lever (California State University), Dr. Brian Gillespie (Sonoma State University) und Dr. Justin Garcia (Indiana University) 2016 – neben weiteren großartigen Erkenntnissen über das Liebesleben – heraus: Es sind drei kleine Worte. Von 39 000 an der Studie teilnehmenden Frauen und Männern gaben jeweils etwa 75 Prozent an, ihren Partner beim Sex mit »Ich liebe dich« in Stimmung zu bringen.

WEN WERDE ICH DA EIGENTLICH HEIRATEN?

Mal ehrlich: Allzu viel weißt du noch nicht über deinen Partner oder deine Partnerin, oder? Na gut, habt ihr ein paar Jahre in einer Wohngemeinschaft verbracht, dann sind alle Konflikte um herumliegende Socken und schmutzige Küchen bereits ausgekämpft. Oder ihr habt zusammen eine Südamerikareise mit dem Fahrrad erlebt. Dann werdet ihr euch künftig nicht über den korrekten Umgang mit Lamas streiten. Sollten euch allerdings gemeinsame Wohn- und Reiseerfahrungen fehlen, steht euch einiges bevor. Vielleicht solltet ihr daher zunächst die folgenden Kennenlernfragen durcharbeiten und eventuell über mögliche Antworten nachdenken …

- **Bist du auf etwas an dir besonders stolz?** Die Antwort darauf ist die ideale Gelegenheit für eine perfekte Selbstdarstellung, wenn es gut läuft. Wenn einer von beiden die falsche Antwort gibt, wird das Gespräch schnell zu einem Fettnäpfchen-Marathon ...

- **Mit welchen drei Worten würdest du dich beschreiben?** Hierbei handelt es sich um eine verschärfte Variante der Selbstauskunft. Drei Worte sind verdammt wenig: Ich bin schön. Ich bin klug. Ich bin jung. Ich bin wild. Ich bin dick. Ich mag Pommes. Ich habe Angst. Ich habe fertig ... – »Ich mag dich!« ist da vielleicht die sicherste Bank.

- **Was ist dein Lieblingszitat?** Denkst du auch, dass der Sinn der Welt »42« ist? Wer Douglas Adams gelesen hat, kann kein schlechter Mensch sein! Oder ist es irgendetwas aus John Greens *Das Schicksal ist ein mieser Verräter*? Es könnten auch ein paar wundervoll emotionsgeladene Worte von Jane Austen, Charlotte Brontë, Jojo Moyes, Julia Engelmann, Nicholas Sparks oder Nora Roberts genannt werden – voll die Sommersehnsucht, Romantik ist angesagt! Kritischer sieht es aus, wenn Zitate von Ernst Jünger, Günter Grass, Tolstoi und Annette von Droste-Hülshoff auf Wolfgang

Herrndorf oder Poetry-Slam prallen. Wer sich nicht aufs Glatteis begeben will, antwortet mit Antoine de Saint-Exupérys kleinem Prinzen: »Man sieht nur mit dem Herzen gut. Das Wesentliche ist für die Augen unsichtbar.« Dann aber auch für die Ohren unhörbar.

- **Welches ist dein Lieblingslied und was bedeutet es dir?** Hier klappt es nur, wenn beide übereinstimmen – zwei Leute mit absolut konträrem Musikgeschmack, das belastet eine Beziehung erheblich. Kompromisse sind besonders dann unwahrscheinlich, wenn die Fallhöhe zwischen beiden Standpunkten groß ist. Jan Delay oder Kollegah passt noch irgendwie, Peter Fox und Helene Fischer ist womöglich gerade noch tolerierbar. Prodigy, Disturbed und die Black Eyed Peas auf der einen Seite, Abba und Dieter Bohlen auf der anderen – das geht gar nicht. Kein Wunder, Dieter Bohlen disqualifiziert komplett. Immer.

- **Gibt es einen Menschen, den du überhaupt nicht leiden kannst?** Das ideale Gesprächsthema für eine spontane Solidarisierung! »Wow, das ist ja gut, den finde ich genauso sch… wie du! Unmöglicher Typ!« Wenn das mit der Übereinstimmung allerdings nicht klappt und statt einer Antwort ein verstopftes Schweigen auf der einen oder anderen Seite ertönt – vielleicht hättet ihr diese Frage vor dem Entschluss zur Ehe diskutieren sollen …

- **Trinkst du lieber Cola oder Pepsi?** Das ist einmal eine Frage, die vieles klären kann! Die Antwort auf die Frage »Glaubst du an Gott oder nicht?« liefert vermutlich weniger verwertbare Informationen als eine Auskunft über das Lieblingsgetränk. Dabei gibt es mehr als zwei Antworten, Satzfetzen wie »viel zu süß« und »Igitt, schmeckt das nach Chemie!« und »Da sind so viele Kalorien drin, das Zeug gehört verboten!« kommen darin vor. Aber nur eine dritte ist richtig: »So eine Plörre kommt mir nicht über die Lippen!« Es ist schon eigenartig: Niemand trinkt diese schrecklichen »Erfrischungsgetränke« aber die Umsätze wachsen Jahr für Jahr. Was machen die Getränkehändler nur mit ihrer Ware, die angeblich niemand konsumiert? In die Kanalisation laufen lassen – einfach so? Hier findet sich reichlich Stoff für eine neue Verschwörungstheorie.

- **Apple oder Samsung?** Diese Frage solltet ihr wirklich nur stellen, wenn ihr die Antwort bereits kennt und Gemeinsamkeiten hervorheben wollt. Sie ist für ihre beziehungszerstörende Wirkung bekannt!

- **Welchen Menschen bewunderst du?** Aufgepasst: Viele Menschen machen hier den Fehler, ihrem Gegenüber mit einem verschmitzten Grinsen und den Worten »natürlich MICH!« die Beantwortung vorwegzunehmen. Das sorgt vielleicht für einen Lacher, aber danach findet meist keine Aufklärung mehr statt.

- **Was war dein schönstes Urlaubserlebnis?** Jetzt habt ihr zwei Möglichkeiten. Die Antworten auf diese Fragen sollten ausschließlich über Urlaubserlebnisse mit dem aktuellen Partner berichten, denn sonst – Möglichkeit 2 – müsst ihr die Beziehung noch vor der Ehe mit einem Haufen von Lügen beginnen. Oder mit viel Fantasie: »Dieser Sonnenuntergang auf den Kanaren hat mich einfach umgehauen!« »Mit wem warst du denn dort, Tim?« »Mit Angeli… ääh – mit meiner Großmutter natürlich!« Du, liebe Tina, kannst ihm auch nicht erzählen, womit dir der Typ hinter der Cocktailbar damals an der Costa del Sol in der blauen Stunde am Strand so viel Freude gemacht hat – seine Cocktails waren es nicht. Und du, Nils, solltest für dich behalten, dass du damals in Amsterdam in den Junggesellinnen-Abschied geraten bist, und zwar in tragender Rolle und an entscheidender Stelle.

- **Was war der peinlichste Moment in deinem Leben?** Wenn ihr überzeugt davon seid, dass euch diese Kennenlernfrage einander näherbringt, solltet ihr den Begriff Peinlichkeit erst einmal jeder für sich definieren, bevor ihr antwortet. Es gibt nämlich eine ganze Reihe von Peinlichkeitsstufen, die viel über jemanden verraten – vielleicht zu viel. Das öffentliche Reden über körperliche Fehlfunktionen ist dann gerade noch erträglich, wenn es eine niedliche oder sonst wie sympathische Komponente enthält. »Bei der Hochzeit von meinem Freund Benno hatte ich die ganze Zeit den kleinen Pudel der Braut auf meinem Schoß und das niedliche Tier hat alles mitgekriegt, war genauso aufgeregt wie das Brautpaar und hinterher hatte ich gelbe Flecken auf meiner hellen Anzughose ...« Peinlichkeiten, die mit der eigenen Dummheit zu tun haben, sollten lieber verschwiegen werden. Niemand muss wissen, dass die letzte Beziehung zu Ende gegangen ist, weil er beim Fremdgehen versehentlich die Mobilfunkverbindung nach Hause nicht unterbrochen hat und das ganze Geschehen sozusagen aus der Hosentasche akustisch zu seiner Lebensabschnittsgefährtin übertragen hat ... Besonders dumm dabei: Er hatte die Hose nicht an ...

- **Das ist meine Vergangenheit – kannst du damit leben?** Wir alle haben eine erotische und soziale Vergangenheit, kommen aus einer Kette von Annäherungen und Beziehungen, die wir als Erinnerungen mit uns herumtragen. Für eine neue Beziehung verändern wir uns deutlich, definieren uns als eine neue Person, in der aber auch die alte steckt – und die sollte der künftige Partner kennen, damit es nicht eines Tages zu einem unangenehmen Zusammentreffen kommt. »Wie, du hast drei Kinder?« »Echt, du hast mit einem Mann zusammengelebt?« »Ich glaub es ja nicht, du warst mit dem Elmar aus meiner Parallelklasse verlobt?« Ansätze ohne Ende für eine lustige Konversation, aber auch Stolpersteine: »Du bist noch immer verheiratet, noch nicht geschieden, weil deine Frau die Scheidung nicht will?« »Du bist schon mal pleite gegangen?« »Allen Ernstes, du bist vorbestraft?« – »Warum sagst du mir das jetzt erst?«

- **Ist Eifersucht für dich ein Problem?** Ein eifersüchtiger Mann/eine eifersüchtige Frau kann ganz niedlich sein – uiih, was ist die verliebt! Mannomann, den hat es aber erwischt! Aber Eifersucht hat auch eine andere, oft schon krankhafte und schwierige Seite und kann eine Beziehung schwer belasten und aus einem freundlichen, liebenswerten Menschen einen lästigen Stalker machen. Ihr solltet schon in einer frühen Phase herausfinden, wie eifersüchtig euer Partner ist, und euch dann entscheiden: Nehme ich ihn/sie trotzdem und mache mich zum Beziehungstherapeuten? Gewarnt sei auch vor einem anderen Fehler: Menschen, die keine Anzeichen von Eifersucht zeigen, werden von ihrem Partner oft für gleichgültig und desinteressiert gehalten. Hier wie überall gilt: am besten die Verhältnisse in einem Gespräch klären!

- **Ich bin ein Suchti – und du?** Es können auch nur Kleinigkeiten sein, über die ihr euch zu berichten habt. Mancher kann nicht aufhören, bis die Chipstüte leer oder das letzte Stückchen Schokolade aufgegessen ist. Und ein lockeres Gespräch über eine solche Schwäche kann der Anlass sein, über Drogensucht, Alkoholismus oder Spielsucht zu reden. War da was in der Vergangenheit, gibt es heute noch Anlass zur Sorge? Sind Rauchen, ein paar Bier oder ein gelegentlicher Joint für den anderen noch akzeptabel oder schon grenzwertig? Doch, das alles sollte man schon unbedingt voneinander wissen.

- **Wo bist du kitzlig?** Eigentlich ist das keine Frage, sondern die perfekte Anmache. Kaum jemand wird zur Klärung dieser Frage nur Worte sprechen lassen – vielleicht zuerst nur einen Zeigefinger zur Hilfe nehmen und mal etwas genauer hinschauen. »Wirklich, da bist du kitzlig? Lass mal gucken, das muss ich ausprobieren …«

In den Klauen des Clans – die Familienfeier als Informationsquelle

Wenn du deinen Partner oder deine Partnerin richtig kennenlernen willst, dann vergiss auf keinen Fall seine oder ihre Verwandtschaft. Möchtest du dich lebenslang auf deinen Liebsten oder deine Liebste einlassen, gehört sie ja meist unweigerlich mit dazu. Recherchiere am besten rechtzeitig ein wenig, damit du nicht plötzlich überrascht bist, wenn dir später eine aus bis zu drei Generationen bestehende Horde von Freaks, Geeks und Nerds auf die Nerven geht – Alter schützt vor Wahnsinn nicht! Ergibt sich die Gelegenheit, unverbindlich an einer Familienfeier teilzunehmen, solltest du dies unbedingt nutzen und alles abspeichern, was du siehst. Triff erst danach eine fundierte Entscheidung, häufig als Antwort auf die Frage: Passe ich eigentlich in dieses Irrenhaus?

Der folgende kleine Faktencheck kann dir bei deiner Antwort behilflich sein:

- Gibt es einen Miesepeter, der mit seinem pessimistischen Gejammer selbst Hochzeitsfeiern in tiefe Verzweiflung stürzen kann?

- Gehört eine Tante zur Familie, die jedes Kaffeekränzchen um die Sorten Pharisäer, Irish Coffee, Caffee Grappa oder einfach nur Kaffee mit Schuss bereichert oder spielt Onkel Hein aus dem hohen Norden eine ähnliche Rolle mit Korn und Genever? Ist der Bruder der Braut auf dem Gartenfest immer ein paar Shots im Vorsprung? Ist da irgendeine entfernte Nichte, die bekifft Großvaters Beerdigung aufmischt?

- Gehört zur Verwandtschaft ein politisch extrem engagiertes Familienmitglied, das man an einer Festtafel so platzieren muss, dass es nur noch mit der Wand diskutieren kann? Oder ist es nur einer von den ganz gewöhnlichen Klugscheißern/Klugscheißerinnen, die alle Gäste zwingen, die Ohren für ein paar Stunden auf Durchzug zu stellen?

Du kannst jetzt schon einige Fragen mit Ja beantworten? Zusätzlich könnte sich noch herausstellen,
dass dein Partner/deine Partnerin Teil einer Großfa-
milie ist. Ein deutlicher Hinweis darauf ist vor allem,
wenn immer wieder ein weiterer Verwandter bei
euch vorbeischaut, dem du dich vorstellen musst.
Wenn du an so eine Familie im XXL-Format geraten
bist, muss dir bewusst sein, dass langweilige Fami-
lienessen der Vergangenheit angehören. Zumindest
einmal im Jahr versammelt sich dieser Clan für ein
paar Tage in einer angemieteten Turnhalle oder
einem Fußballstadion, um die Weihnachtsfeiertage
und das Neujahrsfest miteinander zu verbringen,
und dabei geht es richtig zur Sache. Nein, es ist kein
Albtraum! Cousinen und Cousins ersten und zweiten Grades, Tanten und Onkel, Nichten und Neffen
sind zu Hundertschaften anwesend und tauschen
sich über die wichtigsten Ereignisse des vergangenen
Jahres aus. Sie begutachten die Neuankömmlinge in
der Gemeinschaft (also auch dich!) mit ihrem alles
durchdringenden Blick und stellen kritische Fragen
zu deinem Leben. Willst du das wirklich?

WENN DU ES DIR ANDERS ÜBERLEGT HAST ...

Du hast jetzt alle Fakten zusammengetragen und müsstest eigentlich mit klarem Blick beurteilen können, ob eure Beziehung Perspektive hat. Du solltest dir darüber klar sein, dass die Verbindung zwischen zwei Menschen manchmal für die Ewigkeit ist, aber hin und wieder reicht die Liebe nicht einmal für einen nennenswerten Wochenendausflug. Wenn du an dieser Stelle zu der entscheidenden Erkenntnis gekommen bist – Nein, das wird nichts! – hier ein paar nützliche Hinweise, wie man sie/ihn wieder los wird. Du willst dich gar nicht von ihm/von ihr trennen? Dann hast du einen Grund, die folgenden Zeilen umso aufmerksamer zu lesen, denn du erfährst, welche Verhaltensweisen eine Beziehung todsicher beenden – auch wenn du gar keine Trennung willst.

Und weißt du so genau, ob dein Partner/oder deine Partnerin hier nicht an einer Sollbruchstelle angekommen ist? Du solltest die Anzeichen früh genug erkennen können …

Geschlechtsneutrale Methoden

Die folgenden Vorgehensweisen sind sozusagen Universalwaffen, die unabhängig von den spezifischen Genen einfach auf einer menschlichen Ebene zuschlagen …

Der Kalorien-Kick: »Du bist ganz schön dick geworden, deine Hose platzt ja aus allen Nähten!« Dieser Satz ist ein alter Klassiker, der stärkste Pfeil im Köcher des Beziehungskillers. Aber aufgepasst, lieber Ehemann, denn nicht nur du wirst hierdurch Todesblicke kassieren, wenn du ihn abschießt. Du könntest selbst getroffen werden. Männliche Wohlfühlbäuche sind längst nicht mehr sexy.

Ein neues Haustier: Er ist allergisch gegen Katzen und sie stören herumfliegende Hundehaare? Ein neuer tierischer Mitbewohner wird deiner Liebsten/deinem Liebsten das Zusammenleben zur Hölle machen – eine super Gelegenheit für alle Schisser mit Trennungsallergie, deren Partner von selbst die Reißleine ziehen soll!

Die Duschfrequenz verringern: Sauberkeit macht attraktiv – aber willst du das, wenn es einen Grund für eine soziale Neuaufstellung gibt? Wasser von oben alle sieben Tage – das reicht. Deo wird auch total überbewertet. Irgendwann stinkt es ihm oder ihr gewaltig – du konkurrierst aromatisch mit jedem Puma, hast aber dein Ziel erreicht.

Einen Mann loswerden

Wenn die geschlechtsneutralen Maßnahmen nicht greifen und er an dir und eurer Beziehung klebt wie eine Klette, musst du gezielt an seiner maskulinen Basis ansetzen. Achtung, es eilt! Wenn du den Typen jetzt nicht in die Wüste schickst oder er dich, musst du ihn womöglich heiraten …

Die Deko-Attacke: Mach dich in seiner Wohnung breit und gestalte sie vollkommen neu und ganz anders als bisher: viel Rosa und Lindgrün, viele Herzchen, niedliche Tischdeckchen, Wände voller Fotos

seiner Verwandtschaft in pseudobarocken Billigbil-
derrahmen. Er wird sich umschauen, sich die Frage
stellen, wie er sich denn nur so in dir irren konnte, und sich auf die eine oder andere Art und Weise
aus dem Staub machen. Vielleicht kannst du seine
Wohnung ja übernehmen, wenn du den Müll raus-
geschafft hast.

Die Rosa-Häschen-Methode: Lass gleich eine ganze
Armee für dich arbeiten: alle deine Kuscheltiere! Er
hat bestimmt nicht damit gerechnet, dass sie alle bei
ihm oder in der künftigen gemeinsamen Wohnung
einziehen werden: der rosa Hase Hoppelpoppel,
Bruno, der Kuschelbär, Elchi, Lulu und Schnuffel
und die beiden niedlichen Mäuschen mit den Glit-
zersteinen in den runden Öhrchen, die eigentlich
Pantoffeln sind. Hach, wie witzig! Wo will er denn
nur hin?

Das Kosewort am falschen Ort: Hier brauchst
du keine Kuscheltiere, aber deren Namen: Nenne
ihn Pupsihase, Knuffelbär oder mein süßes kleines
Mäuseschwänzchen, wenn Arbeitskollegen zum
Essen da sind oder du ihn aus der Kneipe abholst.
Sehr häufig wirst du dazu allerdings keine Gelegen-
heit haben, denn Kuschelmonster, Stinker, Pupsi,
Furzknoten oder Hasenpups wird in den nächsten

Tagen aus irgendeinem Grund aus deinem Leben verschwinden ...

Die Diva: Verlang alles von ihm und, wenn er es dir gibt, verlang immer mehr. Mach ihn und seine Präsente gnadenlos herunter, erklär seine sexuelle Leistung für lächerlich, frag ihn, ob das alles ist, was er dir bieten kann, und wirf seine Geschenke in den Mülleimer (du kannst sie ja später wieder herausholen) – und das immer wieder. Wenn er dich nie zufrieden sieht und trotzdem bei dir bleibt, hast du einen Volltrottel erwischt. Den wirst du nie wieder los. Am besten dressierst du ihn dann als deinen persönlichen Sklaven.

Die Zukunftsvision: Rede unentwegt von eurem künftigen Zusammenleben mit Reihenhaus, Familienkarre, drei bis vier Kindern, drei Katzen und einem Hund, extra großer Biotonne und Aufsitzrasenmäher, auf dem er am Wochenende seine Runden dreht. Vervollständige das Bild durch Schilderungen von Fernsehabenden auf dem Sofa, wenn ihr zuschauen dürft, wie Klaas und Joko sich die Fresse polieren und der Bachelor Blondinen gleich in Serie knutscht. Das ist nicht das, was sich ein junger Mann für seine Zukunft wünscht – wenn doch, habt ihr schlechte Karten ...

Eine Frau loswerden

Einfach so Schluss machen? Aus heiterem Himmel dürfte dein Wunsch nach neuer Freiheit sie eigentlich nicht treffen. Schließlich hast du ja bereits in deinen allgemeinen Verhaltensweisen gezeigt, dass dir so viel nicht mehr an eurer Verbindung liegt. Nein, du bist kein Unmensch, wenn du deine Attacken jetzt gezielt gegen ihre weiblichen Schwächen richtest. Spätestens dann sollte sie drauf kommen, dass sie ohne dich besser dran ist. Falls nicht, kannst du immer noch per WhatsApp Schluss machen.

Peinlich, peinlich! Alle Frauen hassen es, in peinliche Situationen zu geraten. Du kannst dafür sorgen, dass die Peinlichkeitsstufe blitzschnell ungeahnte Höhen erreicht. Du kannst dabei abgestuft vorgehen und musst nicht gleich den ganz großen Hammer auspacken – vielleicht verscheuchst du sie schon auf einem niedrigen Blamage-Level. Erzähl allen, dass sie nachts schnarcht. Sie bleibt? Furzen tut sie natürlich auch noch unter der Bettdecke. Ach, jetzt kontert sie und erklärt, was du machst, wenn du stundenlang auf dem Klo herumhängst. Das läuft jetzt etwas aus dem Ruder, du musst schweres Geschütz auffahren. Ihr Busen ist nicht echt! Ihre Lippen sind aufgespritzt! Jetzt ist sie auf 180 und verrät, dass du

ein Brusthaartoupet trägst und nur ein einziges Ei
in der Hose hast! Roter Alarm! Abbruch, Rückzug,
aber ein bisschen plötzlich ...

Mach den Klammeraffen! Du bist einfach so unheimlich verliebt, dass du nicht einmal für ein paar
Sekunden ohne sie kannst. Ruf sie mindestens zehn-
mal am Tag an! Versuch unentwegt, Händchen zu
halten, wenn du mit ihr zusammen bist, umarm sie,
wann immer es geht, häng an ihr wie eine Klette am
Arsch des Straßenköters. Misch dich in jedes ihrer
Gespräche ein, stimm jedem ihrer Sätze begeistert
zu, lob ihren Intellekt und ihre Schönheit über alle
Maßen und zeig dabei ein ausgeprägtes überglück-
liches Grinsen. Irgendwann wird es heißen: »Da
kommt ja Isabel mit diesem ... diesem Anhängsel!«
Schon bald wird sie dir zu verstehen geben: »Ich liebe dich ja auch, aber du nimmst mir die Luft zum
Atmen!« Von da an sind es nur noch zwei bis drei
Wochen bis zur Unterlassungsklage wegen Stalkings.

WEDDING PLANNER

TO DO – WAS NOCH GETAN WERDEN MUSS

Nein, hier geht es nicht um eine Bucketlist – niemand ist krank und muss noch schnell mit dem Tod im Nacken etwas erledigen. Hier geht es um das volle Leben und einen entscheidenden Zeitpunkt darin: Was steht vor der Hochzeit noch auf dem Plan?

Was der Bräutigam noch erledigen sollte

Bald ist es zu spät, die Dinge zu tun, die du als Junggeselle tun solltest. Manches kannst du als verheirateter Mann nicht mehr nachholen, zumal einiges davon in die Kategorie Ehebruch fällt. Es wäre aber doch zu schade, wenn du manches nicht mehr realisieren könntest und mit dem Status »Verpasst« für immer abhaken müsstest. Also los, da wären folgende große Abenteuer, die auf dich warten:

- auf dem Äquator stehen,

- auf dem Polarkreis stehen und Polarlichter sehen,

- aus dem eigenen Waschbärenbauch einen Waschbrettbauch machen,

- Fallschirm- oder Bungee-Springen,

- das Amsterdamer Rotlichtviertel erkunden,

- eine Giftschlange und einen Giftpilz in freier Natur finden,

- einen Marathon laufen,

- einen möglichst hohen Berg besteigen,

- in Irland mit Freunden Single-Malt-Whisky trinken,

- in einen aktiven Vulkankrater schauen,

- mit Delfinen oder Haien schwimmen,

- möglichst viele Hauptstädte der Erde besuchen,

- Sex an möglichst verbotenen Orten haben.

Bringt es das wirklich, könnte man sich fragen. Gibt es da nicht bessere Vorhaben, die sowohl den künftigen Bräutigam als auch die Braut weiterbringen? Hier ein paar Vorschläge mit nachhaltiger Wirkung für die gemeinsame Zukunft:

Wechsle mal die Szene!

Begib dich einfach mal in andere soziale Zusammenhänge, zum Beispiel auf eine längere Reise oder besuche einen Freund, den du schon lange nicht mehr gesehen hast, und das ohne deine Liebste im Schlepptau. Schon nach ein paar Tagen wirst du an den Punkt kommen, deine alltägliche Existenz von außen zu betrachten – unbeeinflusst von den Verwandten, Freunden und Bekannten, die dir immer wieder erklären, dass alles gut ist – alles gut sein muss. Wenn du selbst ebenfalls zu dieser Erkenntnis kommst und womöglich sogar noch ein wenig Sehnsucht verspürst, ist wirklich alles gut und du kannst dich zuversichtlich auf den Heimweg machen. Wenn nicht: Jetzt kannst du noch absagen oder dich klammheimlich aus dem Staub machen …

Erfinde dich neu!

An diesem entscheidenden Wendepunkt auf deinem Lebensweg ist es Zeit, deine Person neu zu definieren. Wage ein neues Outfit, zieh durch die Klamottenläden – allerdings ohne die Beratung deiner Liebsten, das ist wichtig –, probier testweise an, was du früher niemals zu kaufen in Betracht gezogen hättest. Du musst es ja auch jetzt nicht kaufen – einfach mal in den Spiegel schauen und sich wundern oder lachen. Versuch einen komplett anderen Style, probier Verrücktheiten aus, die du dich bisher nicht getraut hast. Neues Hairstyling, Piercing, vielleicht ein Tattoo? Jetzt ist die letzte Gelegenheit, die Kurve zu kriegen – später musst du mehr bewegen, um dich zu verändern.

Mach einfach mal dein Ding!

Lass dich nicht in den allgemeinen Rausch der Festvorbereitungen hineinziehen – Frauen sind da besonders gefährdet. Klink dich aus und tu etwas, das dir Spaß macht, egal ob Musik hören, fotografieren, zeichnen oder angeln. Mach dir bewusst, dass du auf diese Weise gerade deine Eigenständigkeit erprobst, und das Gefühl, das du dabei erlebst, wird dich auch in deiner späteren Beziehung begleiten. Fühlt es sich gut an? Akzeptiert sie es. Dann stehen die Zeichen gut.

Lerne noch schnell was Neues!

Nutze deine Flexibilität und Beweglichkeit als Single und erweitere in den letzten Tagen vor der Hochzeit deine Möglichkeiten. Du könntest tanzen lernen – Salsa, Tango oder Walzer warten auf dich. Wie wäre es mit Stehpaddeln? Unternimm erste Versuche, ein Instrument zu erlernen, Gitarre oder Klavier zum Beispiel. Auf diese Weise erfährst du wieder Neues über dich.

Lern die Freunde und die Familie deiner Liebsten kennen!

Für viele ist dies ein überflüssiger Hinweis, weil alle ihre Freunde auch seine Freunde sind. Anders sieht es bei den Eltern der Braut und deren Verwandtschaft aus. Es wäre schon ein bisschen peinlich, wenn du dich auf der Hochzeitsfeier quasi als Fremder vorstellen müsstest. Sorge für ein Treffen in zwanglosem Rahmen – du könntest zum Beispiel euren neuen Grill ausprobieren.

Frag dich im Anschluss: Was denke ich wirklich über ihre Familie? Nerven dich tatsächlich nur kleine, eigentlich unbedeutende Dinge wie ihr Onkel Olaf, der dir schon beim ersten Treffen ein Ohr abgekaut hat? Oder macht die Schwiegermutter allen Ernstes ihre Tochter, deine künftige Braut, vor allen Verwandten schlecht und stellt vor allem ihren Männergeschmack infrage – also dich? Kommt dir dein künftiger Schwager nicht irgendwie bekannt vor? Vielleicht irrst du dich ja, aber er erinnert dich stark an einen Typen auf einem Fahndungsplakat im Straßenverkehrsamt, auf dem vor Autoschiebern gewarnt wurde. Nein, das alles ist vielleicht kein Grund, nicht zu heiraten, aber womöglich doch, künftig etwas aufmerksamer durchs Leben zu gehen. Vermutlich hast du ja Glück und die Familie deiner Angebeteten ist völlig in Ordnung – total coole Leute …

Probier die Liebe auf den zweiten Blick!

Fordere das liebenswerte Wesen, das du heiraten willst, zu einem Rollenspiel auf: Trefft euch genau dort, wo ihr euch kennengelernt habt, begrüßt euch als sympathische Fremde und lernt euch noch einmal neu kennen: das erste Lächeln, die erste sanfte Berührung … Es stimmt zwar, dass man nichts wirklich wiederholen kann, auch den ersten Kuss nicht. Aber der zweite erste Kuss ist ebenfalls nicht zu verachten, er ist ein besonderes Ereignis zwischen den Verschwörern der Liebe, die ihr beiden seid. Möglicherweise bringt euch diese neue Annäherung auf eine frische Spur der Liebe, vielleicht entdeckt ihr Seiten am jeweils anderen, die ihr in der Hektik und Begeisterung des ersten Mals gar nicht bemerkt habt, Ausblicke auf die Größe und Tiefe eurer Liebe, die auch in dieser Wirklichkeit zu einem neuen Antrag und dem Versprechen führen können, den Rest eures Lebens miteinander zu verbringen – was ihr ja ohnehin schon geplant hattet. Aber doppelt hält doch besser!

Was bei der Braut noch auf dem Plan steht

Da du sicher nicht Hals über Kopf in diese Beziehung gerasselt bist, wirst du die meisten Knackpunkte im Leben einer jungen Singlefrau abgearbeitet haben. Falls nicht, solltest du checken, was jetzt noch geht.

Manche Lebensereignisse sind unabhängig vom Geschlecht – nur weil sie auf der Bucketlist der Männer stehen, bedeutet das nicht, dass Frauen sie nicht für sich abhaken dürfen:

- auf dem Äquator stehen,

- auf dem Polarkreis stehen und Polarlichter sehen,

- Fallschirm- oder Bungee-Springen,

- einen Marathon laufen (ein halber tut es auch),

- in Irland mit Freundinnen Single-Malt-Whisky trinken.

Andere Dinge sind allerdings wirklich typisch weiblich:

- Einen möglichst hohen Berg besteigen? Das Amsterdamer Rotlichtviertel erkunden? Nicht unbedingt, lieber einmal ausgiebig in New York shoppen: Hudson Yard, Lexington Avenue, Columbus Circle ...

- in einen aktiven Vulkankrater schauen (wobei sie sich nicht so weit nach vorn beugt, dass sie fast hineinfällt wie ihr letzter ... Tragische Geschichte ...).

- Möglichst viele Hauptstädte der Erde besuchen? Nette Idee, aber bitte mit einer gut bestückten Kreditkarte ...

- Mit Delfinen oder Haien schwimmen? Die Haie lässt Frau weg.

- Sex an möglichst verbotenen Orten haben? Das ist vielleicht aufregend, aber unbequem.

- Aus dem eigenen Waschbärenbauch einen Waschbrettbauch machen? Lieber einen Waschbrettbauch kraulen, aber nicht den eigenen.

Spezielle weitere Aufgaben, die erfüllt werden wollen:

So richtig einen draufmachen: kostenlos natürlich!

Vollzeitjob, Haushalt und ein Ehemann, der Ähnlichkeit mit einem quengligen Kleinkind aufweist. Das Leben einer eigenständigen und selbstbestimmten Frau kann hart und unfair sein. Es gibt Gender Studies und ein Genderwörterbuch, aber immer noch ein riesiges finanzielles Gender-Gap zulasten des weiblichen Geschlechts. Du solltest also die letzten Tage vor der Hochzeit zu deinem Vorteil nutzen und auf Kosten diverser Single-Männer in den Kneipen und Bars deiner Stadt ordentlich einen draufmachen. Schnapp dir deine Freundinnen, macht euch schick und lacht viel – die Drinks landen von ganz allein auf eurem Tisch, und während ihr immer mehr Spaß habt, fühlt sich auch das Ego des männlichen Getränkespenders neben euch im Laufe des Abends immer befriedigter. Das muss ihm auch schon reichen – denn mehr kann man(n) nicht kaufen …

Nur nicht aus Liebe weinen – und zwischendurch mal offline gehen!

»Hat er Gefühle für mich, obwohl er nie Zeit hat?«

»Warum kuschelt er nach dem Sex mit mir, obwohl er keine Beziehung will?«

Diese Themen in Partnerschaft-Blogs gehören für dich der Vergangenheit an, schließlich hast du als (baldige) Ehefrau die Liebe deines Lebens gefunden und nichts mehr mit Freundschaft Plus, Single-Mingle-Dasein und Affären am Hut – also musst du auch deine derzeitigen erotischen Verhältnisse nicht mit irgendwem online bequatschen. Und doch erwischst du deine Finger dabei, wie sie nach einer kleinen Diskussion mit deinem Schatzi plötzlich Dinge wie »Liebt er mich noch?« oder »Warum hilft er mir nie im Haushalt?« in die Tastatur hauen wollen. Dir bleibt dann wohl nichts anderes übrig, als den Ratschlag von oben zu beherzigen: ein Leben ohne Internet kann so erfüllend sein!

Begib dich auf neue Wege!

Auch oder besser gesagt gerade als Frau solltest du vor deiner Hochzeit mindestens einmal allein verreisen. Ob du als Backpacker die Souks von Marrakesch erkundest oder dir ein Wellness-Wochenende in der Steiermark genehmigst, ist dabei völlig egal, solange du dich wohlfühlst und deine Bedürfnisse an erster Stelle stehen. Völlig zu Unrecht bereitet der Gedanke an einen Urlaub ohne Freunde oder Partner vielen Frauen ein komisches, unbehagliches Gefühl der sozialen Isolation. Dabei ist der alleinige Weg in die Ferne häufig mit einem großen Schritt in Richtung zu sich selbst verbunden. Du wirst es auf jeden Fall nicht bereuen, deine Chance genutzt zu haben. Einmal unter der Haube angekommen, lässt sich das Ganze nicht mehr so einfach realisieren.

Gucken, was sonst noch geht

Es ist völlig normal, dass dich beim Gedanken daran, den Rest deines Lebens mit ein und demselben Mann zu verbringen, ein Anflug von Panik überkommt. »Ist DAS wirklich der richtige Partner für mich?« – diese Frage bereitet nicht nur Männern, sondern auch vielen Frauen in der Zeit vor ihrer

Trauung schlaflose Nächte. Dabei gibt es einen Lichtblick am Ende des Tunnels, und der liegt bei deinem Umgang mit seinen Macken. Das zum x-ten-Mal offenstehende Gefrierfach entlockt dir nur ein müdes Lächeln? Ein guter Anfang. Seine schlechte Laune nach der Arbeit fällt dir gar nicht mehr auf? Umso besser. Und wenn er seine Unterhosen das zweite Mal anzieht, sanktionierst du ihn mit gnadenlosem Sexentzug? Gratulation! Du musst dir keine Sorgen mehr machen! »Lebenslang« ist für dich keine Strafe, sondern hart erarbeitete Ehe-Qualifikation.

Anders sieht das Ganze aus, wenn offensichtliche Lappalien seinerseits in deinem Kopf Mord- und Beerdigungsplanungen auslösen. Feuertod oder Vergiftung? Sarg oder Urne? Bevor du diese Gedanken in die Tat umsetzt, ist es höchste Zeit, den Markt potenzieller Ehepartner noch einmal ganz genau abzuchecken. Heutzutage musst du deine Absichten auch nicht in peinlichen Zeitungsanzeigen herumposaunen, sondern kannst dich auf die Hilfe diverser Dating-Portale im Internet verlassen. Ob du lieber bei Parship oder Elite-Partner suchst, ist völlig egal – schwierig wird es erst, wenn du für eine neue Liebe irgendwie doch zu geizig bist und in der Not Lovoo und Tinder auf deinem Handy installierst. Meistens wird dir spätestens nach dem dritten

Nacktfoto 20 Jahre älterer Männer klar, dass dein aktueller Partner doch kein so schlechter Fang ist. Und wer weiß, vielleicht fährt dein Verlobter ja dieselben Strategien wie du? Spätestens, wenn ihr euch gegenseitig auf Tinder matcht, weißt du, dass er auf jeden Fall der Richtige ist.

Tut es zusammen – noch seid ihr nicht verheiratet ...

Es gibt eine Menge Dinge, die ein Paar vor der Eheschließung getan haben sollte und die nicht auf die lange Bank geschoben werden sollten. Manche davon sind romantisch, andere praktisch, wiederum andere dienen der Beseitigung von Problemen vor der offiziellen Trauung. Gleichgültig, worum es geht: Wenn ihr die folgenden Punkte abgehakt habt, steht einem glücklichen Eheleben nichts mehr im Weg:

Männer und Frauen:
auf nach Malle!

Wir wollen ehrlich mit euch sein, Ladys und Gen-
tlemen: Wenn ihr es nicht geschafft habt, vor eurer
Hochzeit und während eures Single-Daseins einen
Urlaub am Ballermann zu machen, können wir euch
nicht helfen – wohlgemerkt: jeder für sich! Die Gelegenheit wird sich vor der Scheidung nie wieder
ergeben. Frisch verliebt oder in den Flitterwochen
steht einem der Kopf nicht nach literweise schlechtem Billigsekt im überfüllten »Bierkönig«. Aber
wartet ab, bis euch die ersten Single-Freunde nach
der Hochzeit fragen, ob ihr mit ins 17. Bundesland
fliegen wollt – Schatzi wird nicht begeistert sein. Zu
groß die Gefahr alkoholgetränkter Liebesausrut-
scher, zu groß die krankhaft aufkommende Eifer-
suchtswelle. Und damit der durchzechte Partyurlaub
nicht bloß eine romantisch verklärte Jugendsünde
bleibt – macht es lieber vorher.

Als Paar habt ihr später ganz andere Möglichkeiten.
Bucht euch eine große Finca und erkundet die Insel,
verliert euch in einer Liebesnacht am Strand, besucht die besten Restaurants von Palma. Bei einem
Gläschen Wein in trauter Zweisamkeit werdet ihr

ganz entspannt über all diese Palma-Schnapsleichen lachen, zu denen ihr auch einmal gehört habt.

Die Liste der Hochzeitsgeschenke

Setzt euch zusammen oder tut es allein, jeder für sich: Erstellt eine Liste der Dinge, die euch eure Verwandten und Freunde zur Hochzeit schenken sollen. Definitiv: Zusammen macht es mehr Spaß!

- Sie will einen Thermomix, er unbedingt den Hyper-Atomgrill aus dem Baumarkt.

- Er will im Schlafzimmer einen 100-Zoll-Flachbild-TV an einem automatisch ausfahrbaren, ferngesteuerten Gestell aufhängen, sie einen gigantischen Ganzkörperspiegel platzieren. Kombinieren lässt sich beides schlecht. Im Zweifel entscheiden Kopf oder Zahl.

- Für entspannte Abende wünscht sie sich nichts lieber als einen gemütlichen Massagesessel fürs Wohnzimmer. Schon beim Gedanken an das leise Summen des Möbelstücks wird ihr ganz schummrig vor Glück. Alternativ könnte man ihrem Partner auch einen Massage-Lehrgang schenken, damit er zukünftig den Sesseljob übernehmen kann. Ob ein solches Geschenk jedoch auch auf seiner Wunschliste steht?

- Kartons voller Ohrenstöpsel und eine Anti-schnarch-Klatsche stehen bei ihr ebenfalls hoch im Kurs. Nur so kann sie sich für die nächsten Jahre im gemeinsamen Ehebett ausreichend gegen seine Geräusche wappnen.

- Er hingegen wünscht sich nichts sehnlicher als eine Dauerkarte für die Fußballspiele seines Lieblingsvereins. Seine Samstage sind damit für immer verplant. Wenn sie nicht die Möglichkeit hat, das halbe Wochenende mit ihrem Tennislehrer zu verbringen, sollten aus einer Dauerkarte zwei werden, damit beide zusammen seinem Hobby nachgehen können – ein unglaublicher Liebesbeweis, für den sie an anderer Stelle natürlich Gegenleistungen erwarten wird …

Der Ehefakten-Check

Zugegeben, Begriffe wie »Ehevertrag«, »Unterhaltszahlung« oder »Gütertrennung« besitzen keine romantische Aufladung – selbst *Bauer sucht Frau* verstrahlt da mehr Sex-Appeal. Die wenigsten Pärchen verspüren große Lust, sich gemeinsam dem harten Fakten-Check eines Ehelebens zu stellen. Wieso auch unnötig einen Streit vom Zaun brechen und zugeben, dass beim Gedanken an »bis dass der Tod uns scheidet« Unwohlsein aufkommt? Dabei ist das flaue Gefühl in der Magengegend ganz und gar nicht unberechtigt, immerhin wird heutzutage jede dritte Ehe wieder geschieden. Und selbst wenn der emotionale Ärger gering ausfällt, ist der finanzielle Schaden dabei meistens groß. Doch der lässt sich durch gnadenlose Ehrlichkeit noch vor dem Gang zum Standesamt vermeiden. Einen Rosenkrieg schon im Keim zu ersticken, das hat doch etwas sehr Verführerisches!

Am besten startet ihr dieses richtungsweisende Zukunftsgespräch ganz entspannt und räumt zunächst mit den weniger wichtigen Flunkereien vergangener Tage auf. Dass der Porsche, der sie beim ersten Date so mächtig beeindruckt hat, in Wahrheit nur ein gemieteter Egoverstärker war, weiß sie längst. Auch wenn sie ihm gesteht, dass ihr Foto auf der Dating-Plattform massiv gephotoshopt war, belächelt er dies garantiert eher, als sich darüber zu ärgern. Sie nutzt die Gunst der Stunde und korrigiert auch gleich ihr Körpergewicht offiziell um 5 Kilo nach oben.

Schwieriger wird es mit dem vorehelichen Humor erst dann, wenn auf die kleinen Schwindeleien große Lügen folgen, die im Falle einer Trennung das gemeinsame Bankkonto belasten: Die »Villa« seiner Großmutter gleicht eher einem abrissbedürftigen Altbau und ihr müsstet da doch einen ziemlich bedeutenden Immobilien-Kredit aufnehmen? Hier bröckelt nicht nur die Hausfassade, sondern womöglich auch die Beziehung. Oder war sie schon mal verheiratet und bringt plötzlich zwei Kinder mit in die Ehe, von denen er bisher nichts wusste? Auch in diesem Fall wäre eine vorherige Absprache wünschenswert. Vielleicht besitzt sie in Wahrheit ja auch viel mehr Kohle, als er gedacht hat, und hat einfach keine Lust, ihn daran teilhaben zu lassen ...

Fragen über Fragen. Die Fronten müssen unbedingt geklärt werden, denn es gibt viele Wege, eure Ehe schon vor der Trauung gegen die Wand zu fahren. Mit einem frühzeitigen Fakten-Check und den daraus resultierenden Absprachen (und gegebenenfalls dem passenden Ehevertrag) seid ihr gegen mögliche Stolperfallen in eurer Partnerschaft aber bestens abgesichert.

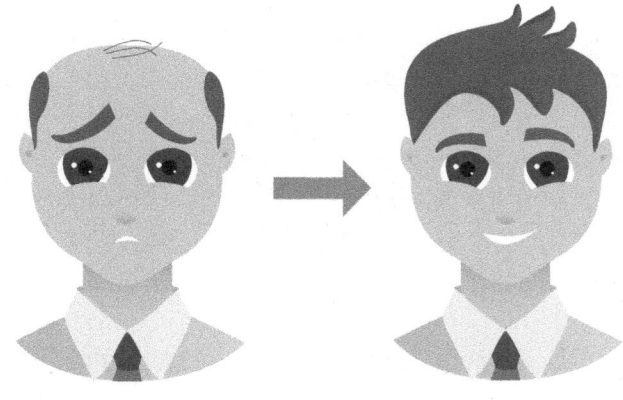

PIMP YOUR PARTNER!

Frauen sind von Natur aus schön und schon deshalb mögen sie es ganz und gar nicht, wenn ihr Partner mit Verbesserungsvorschlägen ankommt. Ein ernst gemeinter Tipp an ihn: Lass besser die Finger davon – dabei kommt nichts Gutes heraus. Aber mal ehrlich: Männer sind immer und auf jeden Fall verbesserungswürdig, zumal sie alle aussehen wie … So, meine Damen, können wir die Typen doch nicht lassen! Das geht gar nicht, daran müssen wir arbeiten.

Manche der folgenden Verbesserungsvorschläge könnt ihr schon vor der Hochzeit zum Einsatz bringen, andere werden dem späteren Verlauf eures Liebeslebens zugutekommen …

Gut gekleidet ist anders

In welchen Klamotten mancher Mann herumläuft …
Das geht doch besser!

Typisch **Shoppingmuffel**. Er kauft einfach nicht gerne ein und hat nicht das geringste Gefühl fürs Styling, bezogen auf seine Kleidung. Er reagiert aber fies, wenn sie für ihn einkaufen will. Sie erinnert ihn dann einfach viel zu sehr an seine Mutter. Lass ihn das also besser allein machen, erklär ihm aber genau, was er kaufen soll: Marke, Farbe, Größe. Sag ihm auch, dass er den Kassenbon aufheben soll für später zum Umtauschen. Akzeptier keine Ausreden, wenn er ohne Ware zurückkommt. Schick ihn wieder los und droh ihm zur Not mit Liebesentzug.

Mr. Billig hat keine Probleme mit dem Einkaufen, sagt er. Er kauft jede Menge billige (er sagt: preiswerte) Kleidung – Sonderangebote, reduzierte Saisonware, Taiwan-Superschnäppchen. Gegenmittel: Schlepp ihn in ein Geschäft mit geschmackvoller Herrenbekleidung, so eines, wo man Maßanzüge und rahmengenähte Schuhe bekommen kann. Bitte einen dieser unglaublich gut gekleideten Verkäufer, der besonders engagiert wirkt, ihn zu beraten. Er soll ihm erklären, dass er sich billig nicht leisten kann, weil hochpreisige Qualitätsware einfach viel länger hält. Das wird den Sparfuchs möglicherweise überzeugen. Wenn nicht, musst du mit Mr. Billig leben. Vielleicht hat er ja andere Qualitäten ...

Der Geschmacklose, den man auch *stylish randomizer* nennen könnte, trägt x-Beliebiges: Hawaiihemden wie Jürgen von der Lippe oder üble Schlabber-Shirts (das ist ja so was von 2019!), aber hin und wieder auch etwas, das zu ihm passt oder ihm ganz gut steht. Einen solchen Augenblick musst du nutzen – schmeiß dich an ihn ran und greif zum psychologischen Trick der positiven Verstärkung: »Mensch, du siehst ja heute aus wie George Clooney!« oder »Sag mal, gehörst du zu diesen Men in Black?«. Hau so richtig auf die Sahne, Männer bemerken Komplimente erst ab 75 KÜF (Kompliment-Übertreibungsfaktor), während Frauen sie schon ab 10 KÜF als berechnend wahrnehmen. Wenn er das falsche Outfit wählt, bestraf ihn mit Sätzen wie »Damit du es weißt, wegen solcher Klamotten habe ich mich von meinem Ex-Freund getrennt« oder »Du siehst ja aus wie meine Tante Sabine«.

Der textile Nostalgiker hat ganze Kleiderschränke voller völlig antiquierter Garderobe, sein Kommunions- oder Konfirmationsanzug ist ebenso dabei wie sein Tanzstunden-Outfit und der Anzug, den er bei der Abiturfeier getragen hat. Mit jedem dieser Kleidungsstücke fühlt er sich tief emotional verbunden. Wenn du jetzt den Fehler begehst, einfach auszumisten und wegzuwerfen, was du für überflüssig hältst, ist die Krise programmiert. Das dürfte nur seine Mutti! Mach es andersherum – lass ihn wegwerfen. Füll dann jeweils das entstandene emotionale Defizit mit viel Liebe wieder auf. Ein Küsschen, und das Synthetikhemd aus den späten 90er-Jahren wandert in den Kleidercontainer – für erotische Belohnungen tun Männer einfach alles. Für den Abituranzug wirst du dich allerdings mehr anstrengen müssen.

Es darf ruhig etwas weniger sein!

Etwas weniger Körpergewicht nämlich. Ähnlich wie bei der Kleidung führt der direkte Weg auch hier nicht zum Ziel. Auf den Satz »Du könntest ruhig etwas abnehmen!« reagiert er entweder verstockt oder mit dem Konter »Das musst du gerade sagen!«. Nicht gerade das, was sie hören wollte, eine alles andere als zielführende Reaktion – da sind subtilere Methoden gefragt.

- Schaut euch gemeinsam Bilder vom letzten Strandurlaub an – misch ein paar ältere Fotos darunter, die du bei seiner Mutter oder seiner Schwester ausgeliehen hast und die dein Projekt »dünner Mann« natürlich unterstützen.

- Zieh das Kleid an, das du getragen hast, als ihr euch kennengelernt habt (aber nur, falls du noch gut hineinpassen solltest). Bitte ihn dann, in genau die Hose oder den Anzug zu steigen, in dem du ihn damals so beeindruckend fandest.

- Mach ihm klar, dass er nicht allein auf der Welt ist, indem du euren schlanken Nachbarn, seinen athletischen Chef oder Schauspieler wie Pierce Brosnan oder Jason Statham schamlos bewunderst. Falls noch ausreichend männliche Hormone in seinen Adern fließen, müsste das seinen Ehrgeiz wecken und sein Konkurrenzdenken aktivieren. Mancher meldet sich dann bei einem Fitnessstudio an und beginnt eine ernsthafte Ernährungsumstellung. Durchschnittliche Männer belassen es allerdings bei Cola light und einer neuen Fitness-Uhr.

- Erklär ihm am besten nach einem erregenden Vorspiel, dass sein Schwimmring dich erotisch abtörnt, und leg dich einfach schlafen. Lass in der kommenden Zeit jede zweite oder dritte Session gelangweilt ausfallen. Schau dir stattdessen im Schlafzimmer unter Seufzen einen Spielfilm mit den oben genannten Herren an.

Kampf dem Kosmetik-Fiasko

Man hört und liest immer wieder, dass sich Männer mittlerweile auch für ihre kosmetische Pflege interessieren. Doch das Defizit existiert immer noch: Frauen sind schlechter bezahlt als Männer, dafür sind Männer schlechter gepflegt als Frauen. Wobei beides nichts miteinander zu tun hat, aber wohl den Realitäten entspricht.

- Direkt auf kosmetische Mängel angesprochen, reagieren Männer oft ablehnend. Ein vergiftetes Lob allerdings schlucken sie klaglos: »Ich liebe dein energisches Kinn – bloß die Mitesser stören!« Oder: »Deine Nase ist perfekt – hast du eigentlich eine Nasenschere?«

- Schlimme Fingernägel und ungepflegte Hände allgemein bekämpft Frau mit einem Gutschein für das Kosmetikstudio. Weil es Geld kostet, geht er sicher hin.

- Männer mit Schweißfüßen sind in Zeiten der Dauerduscher selten geworden. Hast du da noch so einen erwischt, helfen ein anonym zugesandtes Paket mit geruchshemmenden Einlegesohlen und Anti-Schweiß-Socken mit Silberfäden oder eine Nasenklemme für dich.

- Sei ihm ein Vorbild, was Kleidung und Körperpflege angeht. Wenn du das ganze Wochenende ungeschminkt und in ausgebeulten Jogginghosen auf dem Sofa herumhängst, musst du dich nicht wundern, dass er bei deiner Aktion »Nicht chillen – gammeln!« ebenso ungeschminkt und schlecht gekleidet, aber begeistert mitmacht.

Passen unsere Tattoos zueinander?

Eine gewisse Abstimmung in puncto Körperschmuck und Körperkunst sollte auch in ehelicher Zweisamkeit erfolgen. Spätestens dann, wenn sich irgendwelche Piercings oder Snakebites ineinander verhaken und das innig verbundene Paar in die Notaufnahme muss, weißt du, dass du etwas vergessen hast: die gemeinsame Körperschmuck-Planung.

Auch und gerade die Motive für Tattoos sollten ko-
ordiniert werden – es gibt wunderbare Motive für
Paar-Tattoos, zum Beispiel einander zugewandte
Löwen (je ein Löwe auf je einem Menschen), über-
einstimmende Schriftzüge (»Always!«), Vögel, die
auf einer Stange sitzen und miteinander turteln,
wenn das Paar sich nahekommt. Weniger passend:
Er trägt maritime Motive wie Anker und Kompass,
sie ist ein kompletter Rosengarten ohne eine Spur
Meer – schade! Auf ihrem Arm steht in romantisch
geschwungenen Lettern »Für immer!«, auf seiner
Brust hingegen groß und breit in einer rauen Pinsel-
schrift »Free!«. Na, was denn nun?

Der Typ hat ja innere Werte ...

Nach all den Kritikpunkten, die du als Frau an deiner
männlichen Erwerbung wahrnehmen kannst und
auf die du hier noch einmal mit der Nase gestoßen
wurdest, könnte bei dir der Eindruck entstanden
sein, dass du nicht den Jackpot, sondern allenfalls
einen Trostpreis erwischt hast. Leicht angegammelt,
körperlich nicht sonderlich fit und geistig ein bisschen auf Sparflamme, von den Zielsetzungen her
noch unentschieden, ziemlich vergnügungssüch-
tig, manchmal unzuverlässig, meinungsstark, aber

argumentativ schwach – solltest du ihn lieber umtauschen? Eigenschaften, die dich an irgendwen erinnern – an dich selbst?

Bei allen Zweifeln sagst du dir dann, irgendetwas an ihm muss ich ja gut finden, sonst wäre ich ja nicht auf die Idee gekommen … Oder sollte ich das lieber lassen? Immer wieder fragst du dich: Habe ich einen ungeschliffenen Diamanten erwischt oder bloß einen Kieselstein?

Du zweifelst – immerhin bist du also nicht blind und nicht in Gefahr, dich in irgendwas zu verrennen. Gib dir und ihm Zeit, und mit jedem Stück Fremdheit, das von ihm abfällt, mit jedem bisschen Mehr an Vertrautheit werden seine glänzenden Facetten zum Vorschein kommen. Dasselbe wird ihm mit dir passieren – ihr werdet füreinander leuchten, jeder des anderen Stern.

HORROR AM HOCHZEITSTAG

Was kann am schönsten Tag eures Lebens denn überhaupt schiefgehen? Die Antwort ist einfach: so einiges! Nicht umsonst gibt es in den sozialen Netzwerken dieser Welt Unmengen an Video-Content zum Thema »Marriage-Fails«. Ein Klick auf Facebook, Instagram & Co. reicht aus, um sich die größten Hochzeitsalbträume vor Augen zu führen: Bräute brechen sich auf wackligen Schuhen die Knochen, Bräutigame verlieren beim Gang zum Altar vor versammelter Mannschaft die Hosen, ein Trampel von Vater reißt seiner Tochter beim Tanzen den Schleier vom Kopf ... Und als wäre das nicht schon schlimm genug, teilen die engsten »Freunde« oder ungeladene Gäste den Fauxpas dann noch auf Instagram, damit die ganze Welt darüber lachen kann. Es drohen lebensgefährliche Szenen, die eher an Kriegsschauplätze und den Wilden Westen erinnern, und sie versetzen vor allem künftige Bräute in eine nicht zu unterschätzende Planungspanik. Doch rational betrachtet gibt es keinen Grund, allzu aufgeregt zu sein. Wenn ihr die folgenden Tipps beherzigt, wird eure Hochzeit weder für euch noch für eure Gäste zum Desaster, sondern wirklich zum schönsten Tag eures Lebens.

Eine Nummer größer bitte!

Du wolltest vor dem großen Fest noch ein paar lästige Pfunde verlieren? An sich ist das keine schlechte Idee. Schlecht nur, wenn dir kurz vor dem Auftritt auffällt, dass du dein Ziel doch ernsthafter hättest anstreben sollen. Hoch motiviert hast du unter tobendem Beifall deiner Freundinnen im Brautmodengeschäft alles eine Nummer kleiner gekauft! Übertrieben diszipliniert hast du die ersten Tage nach dem Kauf ein Ernährungstagebuch geführt und jeden Gemüsestick vor dem Eintragen abgewogen. Natürlich ließen die ersten Diäterfolge nicht lange auf sich warten. Und weil Abnehmen deiner Meinung nach so easy ist, planst du, das Ganze zukünftig etwas lockerer anzugehen – wird schon, lautet die Devise. Bis zur Hochzeit ist zwar noch genug Zeit, aber der Geschmack von Cola light und Proteinpudding geht dir im Vergleich zum zuckerhaltigen Original so langsam auf die Nerven. Allmählich entwickeln sich die Einträge in dein Tagebuch zur Ausnahme von der Regel, da du dich nicht ständig mit deinem Essverhalten auseinandersetzen willst. Als Bewegung im Alltag muss nun auch phasenweise der Gang zum Kühlschrank reichen. Und spätestens, wenn beim Einstieg in dein Kleid, mit dem du vor den Altar treten willst, die ersten Nähte platzen, fragst du dich, wie du und deine Freundinnen so verblendet sein konnten. Aus der guten Stimmung heraus entstandene Gedanken wie »Da pass ich schon noch rein bis zur Hochzeit« haben leider für so manch tränenreiche Enttäuschung im Leben vieler Bräute gesorgt. Und was lernen wir aus dieser fiktiven Gruselgeschichte? Blick der nackten Wahrheit lieber früh genug ins Auge. Solange du dich wohlfühlst, sieht niemand den Unterschied zwischen Kleidergröße 38 und 42 – panisch dilettantisch geflickte Risse im Kleid bemerkt dagegen jeder!

Wo und wann?

Wo? Klar, ihr könnt eure Hochzeit im Bürgerzentrum feiern, im Biergarten vom Ökobauernhof oder in der Kneipe an der Ecke. Oder ihr könnt Zeichen setzen – wirklich bedeutende Paare feiern ihre Hochzeit mit den Bergrettern auf der Zugspitze oder in Hexenbegleitung auf dem Brocken, am Great Barrier Reef unter Wasser oder im Aquarium des Frankfurter Zoos. Wie wäre eine kirchliche Trauung auf Wasserskiern oder auf dem Surfbrett am Strand von Waikiki/Hawaii (Vorsicht, Bullenhaie!). Nicht zu vergessen: die Vermählung während eines Fallschirmsprungs, in der Wuppertaler Schwebebahn oder in einer historischen Straßenbahn, am weißen Strand in der Karibik oder am schwarzen Strand von Bali.

Verlegt ihr die Feierlichkeiten in die »Captain's Lounge« an Bord der »Aida«, in den Thronsaal auf Schloss Neuschwanstein, auf eine Lichtung im Harzer Bergwald oder gleich ins All während einer Erdumkreisung? Wunderbare Träume, großartige Seifenblasen – pitsch! Oh, schade, zerplatzt!

Möglichkeiten zur Gestaltung gibt es genug und viele Träume haben wir hier schon beim Namen genannt. Nun bleibt natürlich die Frage: Wer soll das bezahlen? Aber vor allem auch: Was will er? Die große Nummer und alle sollen staunen?

Und was will sie? Das Romantik-Komplettpaket mit allem Komfort?

Vor allem wichtig: Kommt ihr mit euren Vorstellungen irgendwie zusammen? Es ist höchste Zeit, sich darüber Gedanken zu machen.

Nicht unbedingt ein unrealisierbarer Traum: der Zeitpunkt der Hochzeitsfeier. Natürlich wollen alle unter strahlendem Frühlings- oder Sommerhimmel, also irgendwann zwischen Mai und August, feiern. Es ist aber nicht ganz einfach, da einen passenden Termin zu finden. Zum einen, weil alle Standesämter und attraktiven Locations für die Feierlichkeiten schon lange total ausgebucht sind, zum anderen, weil viele potenzielle Hochzeitgäste nicht kommen können, da sie zu dieser Zeit bereits Urlaub gebucht haben. Ihr solltet aber nicht gleich die Hochzeit ins nächste Jahr verschieben, um einen Wunschtermin zu ergattern, denn manches ungewöhnliche, aber erreichbare Vermählungsdatum hat durchaus seinen eigenen Charme. Heiraten am Valentinstag – das hat doch etwas. Oder am 1. April – man kann nachher aber nicht sagen, dass das Jawort ein Aprilscherz war. Schon einmal an eine Halloween-Monster-Hochzeit gedacht? Oder ersetzt die Hochzeitskutsche durch einen Pferdeschlitten und heiratet im tiefsten Winter – irgendwo, wo es noch den tiefsten Winter gibt. Und schließlich und endlich die letzte Möglichkeit: Vermählt euch an irgendeinem x-beliebigen Tag, dann gehört euch das Datum ganz allein.

Fisch und Tofu sind nicht jedermanns Sache!

Eine bahnbrechende neue Erkenntnis ist das nicht: Hochzeitsfeiern leben von der guten Stimmung ihrer Besucher. Umso überraschender ist es daher, dass viele Brautpaare bei der Planung ihrer Buffetauswahl so vorgehen, als wollten sie das Glück und die Zufriedenheit der geladenen Gäste gezielt sabotieren. Meist sind die Ursachen ernährungspädagogische Überlegungen. Die Erinnerung an einen miesen Abend kann euch aber noch Jahre später auf den Magen schlagen, weshalb ihr unbedingt folgende Survival-Tipps für das Hochzeitsmenü beachten müsst:

- Ein ausschließlich vegetarisches beziehungsweise veganes Buffet wird womöglich von allen Gästen der Feierlichkeiten in den höchsten Tönen gelobt, führt aber gerne nach dem Ende der Veranstaltung zu einem nächtlichen Rückstau beim Drive-In der nächstgelegenen Fast-Food-Kette. Gedünstetes Gemüse, eine große Salatauswahl und Chili sin Carne sind für viele Gäste eher tolle Add-Ons als ein zufriedenstellendes Hauptgericht. Auch wenn ihr Hardcore-Fleischhasser seid, die restliche Familie oder der Freundeskreis sind es meistens nicht. Wenn ihr euch trotzdem nicht zum Con-Carne-Buffet überwinden könnt, müsst ihr damit leben, dass sich vor allem Vertreter des männlichen Geschlechts lieber früher als später von eurer Party verabschieden – vermutlich, weil sie sonst zu verhungern glauben.

- Ideenreichtum bei der Gestaltung des Buffets ist in den Vorstellungen der Gastgeber schön und unbedingt notwendig, für den Ablauf des Festes aber ebenso überflüssig wie zwecklos, denn die exotische Vielfalt der Gerichte steht oft im krassen Widerspruch zur Zufriedenheit der Gäste. Muscheln, Tintenfische und rohe Fischhäppchen findet mancher gruselig, Rezepturen aus den Randgebieten der Nouvelle Cuisine oder der molekularen Küche schmecken nicht jedem und sorgen – auf viel zu pompös angerichteten Tellern serviert – regelmäßig für versteinerte Mienen im Hochzeitssaal. Fragen wie »Was ist denn das? Kann man das essen?« stehen im Raum. »Weniger ist mehr« gilt für ausgefallene Dekoration und Gerichte mit komplizierten Namen ... Mal ehrlich: Nicht nur Großonkel Alfons, Bauer aus Waldmichelbach, rechnet auf einer Hochzeit doch nur mit einem schönen Schweinsbraten.

- Bei der Anzahl an Desserts und Süßspeisen solltet ihr nicht geizen. Egal wie vollgestopft ihr und eure Gäste nach der Hauptspeise auch seid, der Nachtischmagen meldet sich im Laufe des Abends von allein. Ein Stückchen Kuchen beim Plausch mit dem Tischnachbarn, eine Schale Pudding vor dem Gang in die Raucherpause, rote Grütze als Grundlage für den Verdauungsschnaps – die Möglichkeiten scheinen schier endlos und dementsprechend groß ist auch das Risiko potenzieller Enttäuschungen. Wenn mehrere eurer Gäste auf das letzte, halb trockene Stück Marmorkuchen lauern, habt ihr definitiv etwas falsch gemacht. Einen Kampf auf der Hochzeit sollte es traditionell nur um den Brautstrauß geben.

- Einige eurer Gäste werden auf jeden Fall ihre kleinen Kinder mitbringen, und die stehen ja nun mal so gar nicht auf ein ausgefallenes High-Society-Dinner. Es liegt somit an euch, nervtötendes Quengeln und Generve durch ein ausreichendes Angebot an Pommes frites und Eis zu verhindern.

Das Wetter ist nicht auf eurer Seite

Die Auswahl der Gerichte für ein gutes Buffet ist schwer, aber mit ein bisschen Zeitaufwand und Überlegung gut möglich. Realistisch betrachtet liegt ein größeres Risiko für den Verlauf einer Hochzeit ganz woanders, nämlich in der unkalkulierbaren Stimmungslage des deutschen Wetters. Umgarnt das Brautpaar in einem Moment das Lächeln der Sonne mit wohltuender Wärme, peitschen ihm – und natürlich auch den Gästen – zwei Minuten später kieselsteingroße Hagelkörner ins Gesicht. Nicht umsonst kleiden sich Menschen hierzulande schon jahrhundertelang nach dem Zwiebelschalenprinzip und zählen im Hochsommer sowohl Sonnenbrille als auch Regenschirm zu ihren treuen Begleitern. Der ultimative Tipp zur Abwehr dieser schier allgegenwärtigen Gefahr ist es, dort zu feiern, wo es nicht regnet. Google beantwortet die Frage nach den trockensten Orten der Welt im Handumdrehen: Sahara, Atacama-Wüste oder Simbabwe haben auf jeden Fall etwas Reizvolles an sich, fraglich bleibt eher die Umsetzbarkeit in praktischer als auch finanzieller Sicht.

Brautpaare, die sich eine Outdoor-Feier im eigenen Land nicht nehmen lassen wollen, können zu Mottopartys mit Gummistiefeln, Friesennerzen oder anderen zeltartigen Regenkitteln einladen. Oder ihr verbarrikadiert euch von Anfang an in einer stickigen Festhalle ohne Zelt im Außenbereich, sodass nur die Raucher im Regen stehen. Die Entscheidung liegt ganz bei euch und hängt von eurer Risikobereitschaft ab. Ideal ist natürlich eine flexible Lösung, eine Gartengaststätte oder Ähnliches. Und wenn es dann tatsächlich im Laufe der Feierlichkeiten zu regnen beginnt, ist immer irgendein niveauloses Subjekt unter den Gästen, dass die Situation geschmacklos kommentiert:

»Der alte Brauch wird nicht geknickt, wenn's regnet, wird im Saal ... gefeiert!«

Der Bräutigam in der Krise

Während die Braut mit dem Brautkleid ringt, hat der Bräutigam oft Probleme mit seinem Nervenkostüm. Man(n) heiratet ja schließlich nicht jeden Tag. Die genaue Ursache für Muffensausen und flatternde

Nerven kennt der Bräutigam nicht, die Verbindung zwischen dem finsteren Labyrinth des Unbewussten und dem mehr oder weniger wachen Verstand ist bei Männern häufig keine Datenleitung mit hoher Bandbreite. Was da von unten aufsteigt, macht vor allem klar: Das kann äußerst unangenehm werden, man kann sich bis auf die Knochen blamieren. Frauen würden jetzt möglicherweise einschlägige Romantikkomödien studieren oder einen Ratgeber lesen, vielleicht *Du in Mamas Hochzeitskleid – Brautsein heute*. Der künftige Bräutigam sucht sein Heil natürlich nicht in Büchern – diesen Weg wählen Männer so gut wie nie –, sondern im Alkohol, der männlichen Problemlösungsautobahn. Und dann nimmt das Unheil seinen Lauf: Hatte er nicht noch ein paar Pillen von der letzten Semesterarbeit übrig, diese wunderbare pharmazeutische Gelassenheit? Ein paar Schluck aus der Pulle, ein paar von den bunten Dragees eingeworfen – wenig später sieht alles schon viel besser aus. »Was für ein geiler Scheiß, ich heirate! Tolle Location, dieses Standesamt, hübsche Weiber hier und ich darf eine davon abschleppen! Hallo, Schwiegermama, du auch hier? Scharfes Kleid, toller Ausschnitt, darf ich mal … gucken? Aua, nicht hauen, das war mein Lieblingsfinger! Das tut doch weh! Ich trink erstmal noch ein' – nicknicknick! – und jez leg ich mich noch ein bisschen aufs

Ohr bis zur Trauung, hier unter diesem großartigen Schreibtisch. Raus aus der Hose und rein ... wo habe ich denn nur meinen Schlafanzug ... «

Das Hochzeitsfoto

Es gibt kaum eine Situation im menschlichen Zusammenleben, die akribischer dokumentiert wird als eine Hochzeit. Das geschieht nicht nur von amtlicher Seite mit großer Genauigkeit, sondern auch von Seiten des Brautpaares und seiner Verwandtschaft. Es genügt nicht, dass alle Gäste das Geschehen mit ihren Mobiltelefonen festhalten, Selfies mit Braut und Bräutigam schießen und überhaupt das ganze Szenario mit geschätzten 20 000 bis 35 000 Fotos dokumentieren – die Hochzeit muss unbedingt auch von einem Profifotografen begleitet werden – schon allein fürs Familienalbum oder für das Fotobuch *Unserer Hochzeit 2025*.

**Warnung:
Nicht jeder, der eine digitale
Spiegelreflexkamera besitzt,
ist ein Profifotograf!**

Wenn man die Aufgabe in die Hände eines Lichtbild-
ners legt, bedeutet das nicht etwa, dass diese Arbeit
perfekt und reibungslos abgewickelt wird – Profifotografen verfügen über eine dramatische Ader und
füllen den wichtigen Tag im Leben des Paares mit
einer Art von Spannung, wie man sie sonst nur von
Hitchcock-Krimis kennt. Die nervenaufreibenden
Fragen lauten: Hat der Fotograf die richtige Kamera
dabei, ist sie mit dem richtigen Objektiv ausgestattet?
Es soll schon Hochzeiten gegeben haben, auf denen
ausschließlich Makrofotos der zum Glück ansehnli-
chen Braut geschossen werden konnten. In analogen
Zeiten vergaßen Fotografen den Farbfilm zu Hause
in der anderen Fototasche und fotografierten alles in
Schwarz-Weiß. In digitalen Zeiten gibt es einen analogen Fehler: Der Profi ist alles andere als professio-
nell vorbereitet und vergisst die Speicherkarte.

Das wohl wichtigste Foto – das **Brautpaar solo** – ist
schnell im Kasten, es gibt nur einige kleine Korrek-
turen kosmetischer Art und bei der Bekleidung.
Nachdem das Paar vor dem unglaublichen Seepa-
norama mit Schloss im Hintergrund positioniert ist,
muss noch der Hosenstall des Bräutigams ganz ge-
schlossen und die wie eine Speckschwarte glänzende
Stirn der Braut abgepudert werden – schon drückt
man den Auslöser in Serie und alles ist erledigt.

Die nächste Stufe stellt das **Foto des Brautpaares mit den Trauzeugen** dar. Auch dieses Bild ist noch relativ leicht zu arrangieren. Schließlich sind lediglich vier Personen zu dirigieren und an die richtige Stelle zu bringen. Dass Trauzeuge Helmut auf neun von zehn Fotos dümmlich grinst und Trauzeugin Regina vor unbändig-rustikalem Humor aus allen Nähten platzt und dem Bräutigam Teufelsfinger hinter den Kopf hält, muss wohl so sein und lässt sich durch die schiere Masse an Auslösungen korrigieren. Irgendwann sind unter 1236 Fotos zwei oder drei, die man für professionelle Hochzeitsfotos halten könnte!

Der nächste Krisenpunkt ist die Aufstellung der gesamten Verwandtschaft für das **Mega-Monster-Gruppenfoto**. Hier gibt es unterschiedliche Vorgehensweisen: Bei Verfahren Nummer 1 besteht der Fotograf auf einer klassisch arrangierten Menschengruppe und gibt so lange Anweisungen, bis alles genau so ist, wie es sein soll. Leider unternehmen einige Verwandte jede Anstrengung, um das Gelingen zu boykottieren – nicht absichtlich und in vollem Bewusstsein, aber dennoch effektiv. Der sechsjährige Mario muss eigentlich aufs Klo und pinkelt sich in die Hose. Großonkel Alfons aus Waldmichelbach ist dermaßen blau, dass er sich nicht aufrecht halten kann, sich die Schuhe und die Hose auszieht und sich im Vordergrund vor der Gruppe auf den Boden legen will. Kurz bevor alles perfekt ist, stellt Nichte Ilka fest, dass sich eine Wespe am Ausschnitt ihres Kleides zu schaffen macht, und löst mit ihrem Geschrei eine veritable Massenpanik aus. Oder ein überraschender Sommerregenguss schlägt alle in die Flucht, bevor der Fotograf den Auslöser betätigen kann. Oder Pipin, der Chihuahua von Tante Helene, macht seinem Namen alle Ehre und pinkelt dem Pfarrer ans Hosenbein. Schon zwei oder drei Stunden später sind alle Beteiligten derartig erschöpft, dass sie keine Gegenwehr mehr leisten können – das Foto gelingt. Allerdings summiert sich die Summe der Gesichtsausdrücke darauf zu einer großen kollektiven Anklage.

**Hinweis für den Fotografen:
Ohne Blitzlicht sieht ein
Hochzeitsfoto oft finster aus!**

Bei Verfahren Nummer 2 handelt der Fotograf nach dem WYSIWYG -Prinzip: *What you see is what you get*. Gleichgültig, was das Brautpaar gerade tut, völlig egal, ob die Hochzeitsgäste an den ihnen zugedachten Plätzen stehen – er hält drauf. Verfahren

Nummer 2 kommt immer dann zur Anwendung, wenn Verfahren Nummer 1 auf der ganzen Linie gescheitert ist. Die Ergebnisse sind – so der Vollprofi – großartige Beispiele für moderne, kreative Hochzeitsfotografie.

Andere Möglichkeiten für Brautpaare, die einmal ungewöhnliche Fotografien von ihrer Hochzeitsfeier wünschen: Umwerfend neue Perspektiven lassen sich mit einer fotografierenden **Drohne** erreichen. Dieses kleine technische Gerät mischt nicht nur durch interessante Flugmanöver die ganze Hochzeitsgesellschaft auf, sondern schießt auch Bilder, die man so von einer Hochzeitsfeier nicht erwartet hätte. Je nach Geschick des Fotografen an der Fernbedienung reicht die Bandbreite der Ergebnisse von Schnappschüssen aus dem Kronleuchter bis hin zu Crashfotos beim Zusammenstoß mit der Hochzeitstorte.

Es gibt allerdings noch ein Verfahren, das gute Erfolge verspricht: Man richtet eine hochauflösende **Wildkamera** (im Wild-und-Hund-Shop erhältlich) auf eine bestimmte Stelle im Festsaal aus, zum Beispiel auf die Schlange, die sich vor dem kalten Buffet bildet, oder man fordert die Hochzeitsgäste auf, sich an einer mit einem Kreuz auf dem Boden gekennzeichneten Stelle zu positionieren und in die Kamera zu schauen, weil gleich das Vögelchen rauskommt. Nach zwei oder drei Stunden hat die Kamera Fotos in ausreichender Anzahl geschossen, die allerdings vielfach auch die Kehrseiten der Gäste zeigen – anatomisch wie emotional, was nicht unbedingt ein angenehmer Anblick sein muss.

Ebenfalls durch den Einsatz eines anderen Kamera-Typs lässt sich das Hochzeits-Fotoalbum noch bereichern, und zwar, wenn man eine **GoPro-Action-Cam**, getragen am Kopf von Braut oder Bräutigam, mit in die Hochzeitsnacht schickt. Überraschend frische Videos lassen sich damit gleichfalls aufnehmen …

Apropos **Video**: Der Wunsch der Brautleute, ihre Hochzeit in einem Video festzuhalten, führt in der Regel dazu, dass der eigentliche Sinn des Tages in Vergessenheit gerät, weil sich alle Hochzeitsgäste und auch das Brautpaar als Schauspieler in einem cinematografischen Meisterwerk sehen, sodass die Dreharbeiten die gesamte Feier dominieren – Licht- und Stellprobe, alle müssen in die Maske, Mutter Ilse will nicht mit ins Bild, die Braut vergisst ihren Text, Take 23 bis 125 sind völlig unterbelichtet und müssen noch einmal aufgenommen werden, und als endlich alles im Kasten ist, zeigt sich, dass im Hintergrund – im Halbschatten, aber noch gut zu erkennen – Onkel Alfons in die Gründekoration gepinkelt hat. Am besten, ihr plant von vornherein, ein, zwei oder drei Wochen später noch einmal zu heiraten – ohne Video.

Was das alles kostet!

Die durchschnittliche Hochzeit in den USA kostet etwa 30 000 Euro – ja, die Amerikaner, immer müssen sie übertreiben! Aber: Tun sie das wirklich? Wie sieht die Kostenseite denn bei euch aus? Hier einige relativ durchschnittliche Eckwerte:

Ausstattung der Braut	600–2000 €
Ausstattung des Bräutigams	400–1200 €
Miete Lokalität	150–1500 €
Band	400–1500 €
Fotograf	400–1200 €
Trauringe	500–3000 €
Blumendekoration	100–500 €
Gebühren Standesamt usw.	100–150 €
Auto oder Kutsche	300–800 €
kirchliche Trauung	50–150 €
Hochzeitstorte	150–300 €

So weit die wichtigsten einmaligen Kosten im Über-
blick. Wer sparsam wirtschaftet, gibt also mindestens 3150 Euro aus. Wer »auf die Sahne haut« und
aus dem Vollen schöpft, vernichtet die stolze Summe
von 12 300 Euro. Aber das ist ja längst noch nicht alles. Gehen wir einmal davon aus, dass durchschnittlich 50 Gäste zur Hochzeit kommen. Diese verursachen folgende Kosten:

Einladungen (Drucksache) ohne Porto	75–225 €
Polterabend	500–1500 €
Catering/Restaurant	1500–4000 €
Getränke	500–1000 €

Es kommen also mindestens 2575 oder maximal
6725 Euro hinzu. Die sparsame Version der Hochzeit beläuft sich also insgesamt auf 5725 Euro, die
Luxusausgabe schlägt mit 19 025 Euro zu Buche.

Wir unbedingt mehr Geld ausgeben möchte, kann
folgende Zusatzleistungen buchen:

Hochzeitsplaner, je nach Größe der Hochzeit	1500–3000 €
Hochzeitsstornoversicherung	125–350 €
Hochzeitswetterversicherung, je nach Ort und Datum	180–380 €

Überschaubar? Hinzu kommen etwa 6000 Euro für die Flitterwochen, die deutsche Paare durchschnittlich ausgeben …

64 Prozent aller Brautpaare investieren ca. 20 000 Euro für ihre Hochzeit. Früher übernahmen die Brauteltern die Kosten der Hochzeit, doch mittlerweile werden zunehmend die Brautleute selbst zur Kasse gebeten – vermutlich auch, weil die Eltern nicht Beträge in astronomischer Höhe beisteuern wollen. Immerhin unterstützen einige ihre Kinder mit der Übernahme von einem Teil der Kosten.

**Warnung:
Hoch verschuldet
macht das Eheleben deutlich
weniger Spaß!**

Ein wunderbarer Traum

Alles ist so, wie du es dir immer erträumt hast: Ihr zwei lauft auf einer Sommerwiese voller bunter Blumen und Schmetterlinge auf eine kleine Kirche zu, die auf einem leichten Hügel vor einem unglaublichen Berg- und Seenpanorama steht. Drinnen begrüßt euch freundlich der Pfarrer, der aus einer amerikanischen Romantikserie entsprungen erscheint, von irgendwoher erklingt überirdisch schöne Orgelmusik, und der Mann Gottes fragt euch, ob ihr einander heiraten wollt. Ja, antwortet ihr beide, und plötzlich ist da der laut jubelnde und applaudierende Chor eurer Freunde und Verwandten, die euch alle umarmen, herzen und küssen. Es ist einfach zu schön! Genau. Und genau deshalb wacht ihr an dieser Stelle auf. Stellt euch der bereits geschilderten Realität – es gibt keine andere!

DIE ZUKUNFT

Vor euch liegen Jahre und Jahrzehnte gemeinsame Zukunft, aber auch das verflixte siebte Jahr und einige andere Stolpersteine, auf die hier schon einmal aufmerksam gemacht werden soll.

Verkehrsplanung, beziehungstechnisch

Noch vor wenigen Jahren hätte sich dieses Kapitel fast ausschließlich mit Automobilen befasst, in der letzten Zeit haben aber andere Verkehrsmittel in großer Zahl an Bedeutung gewonnen, die ebenfalls berücksichtigt werden sollen. Die Gegebenheiten sind für die Geschlechter (nicht für alle 60, aber für die wichtigsten) unterschiedlich. Zunächst zum Single-Status im außerehelichen Transport.

Während der männliche **Fußgänger** und ÖPNV-Nutzer vor allem schnell und mit geringem Kostenaufwand von A nach B kommen will, was in der Regel bedeutet, von Annika zu Bine, achtet sein weibliches Pendant vor allem auf eine gute Anbindung an Dienstleister wie den Friseur und das Kosmetikstudio, aber auch an die Boutiquen-Szene und Secondhandshops. Tattoo-Studios, für beide Geschlechter mittlerweile immer wichtiger, stellen kein Problem dar – die gibt es mittlerweile an jeder Straßenecke. Auch Prestigeüberlegungen spielen für diese Gruppe eine Rolle, mit einer Jahreskarte der Berliner Verkehrsbetriebe, offen um den Hals getragen, kann man perfekt ökologische Gesinnung demonstrieren, was den erotischen Marktwert in gewissen Szenen deutlich erhöht.

Die **Single-Fahrrad-Fraktion** hat wiederum ihre eigenen Gesetze. Technikaffinität bei gleichzeitiger Tendenz zur Nachhaltigkeit dokumentiert der moderne Mann durch den Besitz eines Carbon-Rades. Das ist zwar sauteuer, zieht aber die Frauen an wie die Motten das Licht – glaubt er zumindest. Auch die Marke muss stimmen – da unterscheidet er sich nicht von den Autofreaks. Der Schriftzug Flyer oder Haibike auf dem matten, wasserlöslichen Lack des Rahmens wirkt enorm – auf sein Selbstwertgefühl.

Und sportlich, irgendwie sportlich muss es aussehen, sein Fahrrad.

Der weiblichen Fahrradfahrfraktion wird unter-
stellt, dass ihr Fahrzeug drei Kriterien erfüllen muss:
Es muss rosa oder lila sein, vorn am Lenker einen
Einkaufskorb haben und darf so gut wie nichts kos-
ten. Enthusiasten der männlichen Abteilung würden
ein solches Fahrzeug als Klapperkiste oder rollenden
Mülleimer bezeichnen. Scherz beiseite: Weder der
Prestigewert noch die technischen Eigenschaften
eines Fahrrads sind für die moderne Frau sonder-
lich wichtig. Es muss rollen und seine Besitzerin von
A nach Z bringen – von Alnatura bis zur Filiale von
Zalando.

Motorräder unterstreichen als männliches Acces-
soire die Sportlichkeit, und wenn sie Roller fährt,
weiß jeder, dass sie eine junge, moderne und selbstständige Frau ist. Vom Zweirad verabschieden sich
jedoch beide im Laufe ihrer Beziehung langsam,
aber sicher. Er lässt das Motorrad stehen, weil sie
immer solche Angst um ihn hat, sie verkauft ihren
Roller, weil er nicht mehr zur Modefarbe der Saison
passt oder einfach, weil sie es bequemer und nachhaltiger findet, sein Auto mitzubenutzen.

Bei **Automobilen** verhält es sich so ähnlich wie bei den Fahrrädern. Prestige und Sportlichkeit auf der einen, der männlichen Seite, nett anzuschauen und irgendwie praktisch auf der anderen, weiblichen. Er tendiert zur übermotorisierten flachen Flunder im Rallyelook, sie zum niedlichen Kleinwagen mit Babyface.

Mit der Hochzeit ändert sich einiges. Wenig allerdings für die Fußgänger- und ÖPNV-Abteilung. Hier wird man allenfalls durch Partnertickets Geld sparen. Für männliche Radfahrer taucht das Problem auf, dass er sein unmenschlich teures Fahrzeug unbedingt mit in die Wohnung nehmen will, was ihr aber möglicherweise gegen den Strich geht. Erstens schleppt er, besonders bei schlechtem Wetter, Dreck in die Wohnung, zweitens sieht es aus wie in einer Schrauberbude. Wenn er sich durchsetzt, schlägt er zwei kräftige Haken in die Wand des Wohnzimmers ein – zugleich die ersten Sargnägel für die Beziehung. Ihr billiges Rad bleibt unten vor dem Haus an der Laterne stehen. Hunde pinkeln es an, es rostet still vor sich hin ... Sieht so wahre Liebe aus?

Für Autofanatiker ergibt sich immer dann, wenn beide zusammen in einer Stadtwohnung leben wollen, das Problem, dass man von nun an zwei Parkplätze brauchen würde, und das in einer Gegend, in der es noch nicht einmal einen gibt. Was ist zu tun? Eines abschaffen, und wenn ja, welches? Beide? Aufs Land ziehen? Für von ihrem Auto begeisterte Männer kommt es noch schlimmer: Sportwagen (oder was sie dafür halten) sind in Gefahr, wenn irgendwann Nachwuchs zu erwarten ist. Das flotte Cabrio ist nicht mehr gefragt, der SUV unpraktisch wegen der hohen Ladekante, jetzt muss ein Kombi oder Minivan her. Mancher Mann bekommt schon bei dem Gedanken daran Potenzprobleme – schlappe 80 statt wie bisher 280 PS ...

»Was ist denn so falsch an meinem Wagen?«, wird er womöglich fragen und sich dann die Antworten selbst geben: Ein Zweisitzer geht schon mal gar nicht, der Kindersitz darf nicht auf den Beifahrersitz und passt nicht auf die Andeutung von einem Notsitz hinten. Der Kinderwagen will nicht in den vorgetäuschten Kofferraum des Coupés, die Ladekante beim SUV ist 1,40 Meter hoch, zu hoch für den Jogging-Buggy, die riesigen Windelpakete und den wöchentlichen Familiengroßeinkauf, also die gewaltigen Lasten, die am Supermarkt eingeladen werden müssen. Und das ganze Gepäck für einen Familienurlaub in den Sommerferien kriegt man sowieso nicht in die Karre.

Schließlich gibt er auf und stimmt einer Neuanschaffung zu – schon zündet die letzte Krisen-Eskalationsstufe, die durchlitten werden will: Was soll denn nun das Familienauto werden, E-Mobil oder CO_2-Schleuder? Sein Versuch, ihr den Unterschied zwischen einem Hybrid, einem Plug-in-Hybrid und einem Vollstromer zu erklären, könnte ihn dazu verleiten, den Klugscheißer zu geben und ihr das Gefühl zu vermitteln, dass Frauen ohnehin nichts von Technik verstehen. Sie weiß längst Bescheid, lacht ihren niedlichen Erklär-Bären aus, bestellt das Auto, das sie ohnehin haben wollte, und meint dann noch: »Das muss gerade der Mann sagen, der jedes Mal meine Hilfe braucht, wenn wieder mal ein Windows-Update klemmt.«

Stadt oder Land?

Manchmal träumen junge Eheleute in unterschiedliche Richtungen: Während es ihn in rustikale Regionen zieht, sucht sie das kulturelle und soziale Leben in der Stadt. Er will sich mit der Sense auf der Wiese austoben, sie schätzt den Abend im Ballett – oder umgekehrt. Er will sich mit der Sense im Ballett austoben, sie schätzt den Abend auf der Wiese ... Oder so ähnlich. Gemeinsam kann man sich wunderbar

den richtigen Standort für beide Fantasiewelten er-
träumen.

Folgende Traumvarianten sind denkbar, stark be-
einflusst von dem Ort, an dem eine Beziehung be-
gann. Zwei Landeier werden möglicherweise be-
schließen, Landeier zu bleiben, denn sonst hätten
sie ja Kontakte in der großen Stadt gesucht und gefunden. Sie wissen die Qualitäten ihrer ländlichen
Existenz zu schätzen und freuen sich auf Synergie-
effekte, wenn sie zusammenziehen: Alles wird noch
heimeliger, vertrauter, eben ländlicher. Besonders
effektiv ist eine solche Verbindung bezogen auf den
Freundeskreis: Alle seine Freunde kennen längst alle
ihre Freunde, denn sie sind seit Langem im selben
Sportverein, bei der Feuerwehr, im Ortsgruppen-
verband der Bauernjugend, in der Jugendorganisa-
tion irgendeiner politischen Partei gemeinsam aktiv.
Nichts Neues unter der Sonne – und genau da liegt
das Manko: In Stadt-Land-Verbindungen steckt einfach mehr Pfeffer. Freundeskreise fügen sich nicht
einfach problemlos wie Eier und Schinken zum Bau-
ernfrühstück zu einem einzigen deftigen Pfannku-
chen zusammen, sondern konfrontieren sich, reiben
sich, die beiden sind gezwungen, neue Umgangsfor-
men mit der jeweils anderen Fraktion zu entwickeln,
was schlicht gesagt Leben in die Bude bringt.

Neuland erkundet schon, wer sich in das gastronomische Erleben des jeweils anderen Biotops stürzt: Während man auf dem Land im eigenen Dorf die Auswahl zwischen der Hühnerbraterei »Grillmeister« und dem Gasthof »Zum fettigen Löffel« hat und sich einredet, der rustikale Lebensstil sei ganz groß im Kommen, gelingt die Flucht davor bestenfalls noch zu einem Fast-Food-Restaurant in erreichbarer Nähe. In der Stadt hingegen kämpfen die Shisha- und die Sushi-Bar, »Bennos Burgerladen«, vegane und laktovegetabile Restaurants, Smoothie-Center, Italiener, Vietnamese, Thailänder, Japaner, Chinese, Grieche, Kroate und Jugoslawe um die Gäste, obwohl es Jugoslawien gar nicht mehr gibt.

So viel zu den Voraussetzungen. Für das künftige Leben eines Paares sollte man Folgendes bedenken:

- Ihr wollt von der Stadt aufs Land ziehen, vom hippen Großstädter zum tumben Landbewohner werden (so sehen das manche)? Nicht nur in den Speckgürtel einer Metropole – richtig weit raus in die Pampa? Ihr wollt dort, wo die Blumen blühen und die Bienchen summen, in Feld, Wald und Wiese, allein und kinderlos bleiben, euch vielleicht noch einen Hund anschaffen und ein beschauliches, sehr ruhiges Leben in Stille und Betrachtung führen? Dann ist das Landleben ideal für dich und deinen Partner – ungefähr in 40 Jahren, nämlich dann, wenn ihr Rentner seid (falls es bis dahin so etwas noch gibt – Rentner).

- Ihr denkt an die Gründung einer mehr oder weniger großen Kleinfamilie? In diesem Fall seid ihr auf dem Land richtig, am besten in einem frei stehenden Haus in Dorfrandlage mit großer Wiese und einem kleinen Bach, euer ganz privates Bullerbü. Euer Nachwuchs wird dort die glücklichsten Jahre seiner Kindheit verbringen und ihr werdet vor lauter Trouble mit den Kindern gar nicht bemerken, wie langweilig und eintönig das Landleben ist.

- Nein, es wird nicht langweilig, wenn man früh am Morgen die lieben Kleinen zum Kindergarten am Rande der Galaxis fahren muss, wo sie später am Nachmittag auch wieder abgeholt werden wollen. Autos verschleißt man auf dem Land übrigens im selben Umfang wie Kaffeepads oder Druckerpatronen. Neuwagen gekauft? Zack – Kilometerstand sechsstellig ...

- Hektisch wird es dann allerdings im zwölften bis 15. Jahr eurer Landkarriere: Etwa zu diesem Zeitpunkt wollen die pubertierenden Kinder in die Stadt, weil sie bemerken, dass auf dem Land nicht nur die Online-Verbindung ausgesprochen kümmerlich ist …

- Ihr wollt trotz Familienplanung in der Stadt bleiben, in diesem Zentrum des Niedergangs, mit verschmutzter Luft und dreckigen Straßen voller Schlaglöcher, Schutzgeldkriminalität und Parallelgesellschaften, an jeder Ecke schräge Vögel, Dealer, Diebe und auf jedem Spielplatz lauern die Sittenstrolche? Dort wollt ihr mit euren Kindern leben? Warum das denn? Weil in der Stadt alle Wege kürzer sind, es bessere Betreuungsmöglichkeiten für die Kinder gibt, dazu Cafés, Kinos und Theater, IT-Support und Elektronikmärkte, zudem auch noch Einkaufsmöglichkeiten, von denen Bauerntölpel nur träumen (oder gerade nicht), nämlich Secondhand-Läden, Boutiquen, Designershops, alles fürs lustvolle Shopping und ein Reformhaus oder ein Bio-Laden an jeder Ecke. Überhaupt, die urbane Öko-Szene! Urban Gardening, die kollektiven Kleingärten, die plötzlich wieder hip sind, all die Hochbeete auf Balkons und Terrassen, in denen Unmengen von Tomaten und Zucchini heranwachsen, die begrünten Penthäuser, die alternativen Lebensformen Typ Peter

Lustig im Bauwagen, die Pippi-Langstrumpf-Häuser der Besetzerszene, klein geschrumpfte Minihäuser vom Alternativarchitekten und zum Nachtisch noch eine Portion Esoterik im Kundalini-Club oder im Yoga-Zentrum der Volkshochschule – wo findet man das alles auf dem Land?

• Nicht zu vergessen Ärzte – auch Kinderärzte! –, Apotheken, Therapeuten, die Selbsthilfegruppen zu jedem noch so abgefahrenen Thema. Dazu jede Menge erreichbare Arbeitsplätze, Karrieremöglichkeiten und Chancen für Start-ups, Firmengründer und Selbstständige – und abends ein umfangreiches Nachtleben, und das auch noch anonym! Willst du immer noch raus aufs Land?

Haus oder Wohnung?

Schon zu Beginn eurer Beziehung schwärmte sie von einem frei stehenden Haus mit Rosengarten, während er mit den künstlichen Pflanzen (»Nein, die sind künstlich! Mittlerweile sehen die ja so unglaublich echt aus …«) in seiner kleinen Wohnung mehr als glücklich war. Manchmal denkt er sehnsüchtig an die Zeit zurück, in der seine Partnerin die

Merkmale dieser Pflanzen in sich vereinte – hübsch, schweigsam und pflegeleicht!

Wie in so vielen Dingen im Leben siegt auch bei dieser brenzligen Frage der Lebensplanung am Ende ein Kompromiss. Wenn es ein Haus mit Garten wird, dann gibt es für ihn aber bitte einen Luxus-Carport mit Platz für zwei oder drei Autos dazu. Dass er sich die nächsten Jahre nur ein Auto leisten kann, ist bei dieser Entscheidung egal. Sollte er aber wider Erwarten doch seinen Wunsch nach einer kleineren Wohnung ohne Garten durchsetzen, wird sie ihren Gartentraum trotzdem weiterverfolgen und die gemeinsame Wohnung gleicht über die Jahre einem Dschungel, der selbst den Amazonas-Regenwald in den Schatten stellt.

Kinder? Und wenn ja, wie viele?

Je früher du planst, desto wünscher das Kind – beziehungsweise das Kid. »Wie viele Kiddies willst du denn?«, lautet heute die existenzielle Frage, deren Antwort weitgehend entscheidend für den weiteren Verlauf einer Beziehung sein kann. Doch, du musst schon fragen, dein Partner denkt ja nicht zwangsläufig genau wie du. Du kommst aus einer großen

Familie, der oder die andere ist ein Einzelkind und könnte in dieser Frage durchaus andere Ansichten haben. Folgende Details sind zu klären:

- **Kinder ja oder nein?** So klar und einfach die Antwort hier ausfallen könnte: Sie kann zu langen Diskussionen führen oder – im ungünstigsten Fall – sogar eine junge Beziehung beenden, wenn die Vorstellungen allzu weit auseinandergehen.

- **Kinder wann?** Am liebsten sofort, meint einer der Partner, während der andere die Familienvergrößerung erst weit in der Zukunft sieht. Besonders Männer tendieren dazu, die vorangegangene Frage – Kinder ja oder nein? – unbestimmt zu lassen und ihre Beantwortung in ferne Epochen der Beziehung zu verschieben. Kinder? Ja, nach der Beförderung. Es eilt ja nicht, wir sind ja noch jung. Später mal, wenn wir uns alles geregelt haben! Das kann dauern.

- **Wie viele Kinder?** Ein Partner fürchtet sich vor einem Einzelkind, der andere vor einem Leben im überfüllten Kinderheim. Wie viele waren es noch einmal? Kinder – durchzählen! Nur sonnige Zeitgenossen lassen die Frage zahlenmäßig unbeantwortet und sehen die Sache gelassen: Mal gucken, wie viele es werden …

- **Kinder und/oder Karriere?** Ach ja, da gibt es ja auch noch die berufliche Existenz, die ganz schön mit einem Haus voller Kinder kollidieren kann. Fragen über Fragen: Wohin mit den Kindern, wenn beide Karriere machen wollen? Wer bleibt zu Hause und wie lange? Rotieren wie die Grünen in den 1980ern oder opfert sich eine oder einer heldenhaft für den anderen auf? Und wo hat in der Nähe ein guter Familientherapeut seine Praxis?

- **Was machen wir, wenn es nicht klappt?** Alle Fragen geklärt, Elternzeit beantragt, Kinderzimmer schon eingerichtet, medizinische Beratung und ausschweifende Befruchtungsrituale – dennoch klappt es nicht mit der Schwangerschaft. Künstliche Befruchtung, Hormontherapie, ein Kind adoptieren, irgendwo im Ostblock eines kaufen? Und vor allem die Frage: Kommt eure Beziehung ohne Nachwuchs aus? Was ist da noch an Zukunft? Bleibt euch nur die große Leere oder seid ihr beide euch genug?

Überhaupt geeignet?
Der Elterntest

Eignungstests für alles und jedes sind heute an der Tagesordnung. Ob du einen Führer- oder einen Angelschein machen willst, ob du eine Akademie besuchen oder eine Ausbildung beginnen möchtest – überall musst du durch einen Eignungstest. Es ist nicht nur der gesetzliche Zwang – schon von sich aus stellen sich Menschen die Frage: Bin ich eigentlich als Verwaltungsfachangestellter, als Fast-Food-Tester, als Pornostar oder Datenträger geeignet, tauge ich zum Industriemechaniker oder doch eher zum Zitronenfalter? Ist Buch-, Handtuch- oder Büstenhalter meine Berufung? Pass ich in die Bundeswehr, bin ich als Soldat qualifiziert oder entfalte ich meine mörderischen Talente als Tintenkiller? An einer einzigen Stelle verzichten Menschen darauf, ihre Befähigung vorab zu testen.

Glaubt eigentlich jeder und jede, von Natur aus eine gute Mutter/ein guter Vater zu sein? Hat niemand Zweifel, ob er dieser Rolle gewachsen ist? Was muss man alles wissen und können, um für sein Kind oder seine Kinder die Elternrolle gut auszufüllen? Gäbe es einen Eignungstest – wer weiß, wie es dann um die Anzahl des Nachwuchses in diesem Lande bestellt wäre ...

Welche Qualifikationen müssen Eltern mitbringen?

- Monatelang mit nicht mehr als drei Stunden Nachtschlaf auskommen, polyphasisch in sieben Zeitportionen aufgeteilt.

- Mit dem Coitus interruptus als Dauerzustand leben, weil in neun von zehn Fällen der Akt an der entscheidenden Stelle abgebrochen werden muss, weil ein Kind ins Elternbett will.

- Grießbreiflecken auf den Alcantara-Sitzen des Neuwagens ertragen.

- 962 Mal »Wisst ihr, was die Bienen träumen in ihrem Bienenhaus?« singen, ohne dabei jemals vor dem eigenen Kind einzuschlafen.

- Der Übermüdung trotzen können, um mal wieder einen ganz gewöhnlich langen Spielfilm am Fernseher zu verfolgen, ohne einzuschlafen.

- Jahrelang in einer komplett chaotischen Wohnung leben, dabei in Tagträumen von einem aufgeräumten Zimmer fantasieren, und das, ohne den Eltern-Burnout zu bekommen.

- Den inständigen Wunsch, dass von irgendwoher ein Psychologe, ein Therapeut, Arzt oder die Super-Nanny kommt und dir hilft jeden Tag aufs Neue ohne Aussicht auf Erfüllung ertragen – sie kommen nämlich nicht.

- Treffen mit anderen Eltern aushalten, bei denen man sich so lange über die vollkommen gleichen Probleme mit deren Kindern unterhält, bis alles in einem einzigen Strudel von Desillusionierung versinkt, obwohl man eigentlich gehofft hatte, sich gegenseitig beim Haarschopf zu packen und vor dem Ertrinken in Elternfrust zu retten.

- Jeden Tag ein dummes, dickköpfiges oder sogar gewalttätiges Kind ertragen, ohne dabei selbst dumm, dickköpfig und gewalttätig zu werden.

- »Manchmal könnte ich sie klatschen!« Von der Erziehung nach Steinzeitmethoden träumen – wichtigstes Werkzeug: die Keule –, ohne je mit jemandem darüber zu sprechen, weil man sonst zwangsläufig als gemeingefährlich in die Klapse gebracht werden würde.

Die Wohnung einrichten

In der Beurteilung von Wohnungseinrichtung unterscheiden sich die Geschlechter deutlich: Ein Mann besucht seine Freundin, sitzt zwei Stunden auf ihrem Sofa mit Blick auf das Fenster, wird von ihr durch die Wohnung geführt, deren einzelne Zimmer sie voller Stolz präsentiert – ostasiatische Seidentapeten, eine Lackkommode aus Italien –, und er kann eine Stunde später keine Auskunft darüber geben, welche Farbe das Sofa hat (hellblau), was in ihrem Schlafzimmer an den Wänden und ob vor ihrem Fenster eine Rüschengardine oder Architektentüll hängt. Man könnte jetzt sagen, das hat seine Ursache darin, dass er nur Augen für seine Angebetete hatte, und irgendwie ist diese Aussage auch ganz richtig: Denn er hatte ganz anderes im Kopf und Testosteron macht blind.

Frauen hingegen nehmen vom ersten Augenblick an mit jeder Faser ihres Körpers jedes Detail in der Wohnung ihres potenziellen Partners schon fast schmerzhaft intensiv wahr, all die Geschmacklosigkeiten, die Männer offenbar brauchen. Sie weiß sofort, was er später alles in seiner Junggesellenbude zurücklassen wird. Manches nicht freiwillig: »Deine Pokalsammlung vom 1. FC Juventus Urin oder ich! Und diesen Gummibaum mit den drei Blättern kannst du dir auch abschminken …«

Überflüssige Relikte der Männlichkeit

Es gibt Gegenstände, die dem gemeinsamen Alltag nicht unbedingt förderlich sind, sei es, dass sie deinen Partner daran erinnern, dass du eine andere, dunklere Seite deines Charakters nicht abgelegt hast oder dass du zumindest eine düstere oder zweifelhafte Vergangenheit hast.

- Liebeskorrespondenz aus aller Welt, speziell Dankschreiben für erotische Leistungen, waren schon immer ganz privat gemeint und sollten nicht offen herumliegen.

- Die Sexpuppe, die dir »damals deine bescheuerten Freunde zum Einzug in die neue Wohnung geschenkt haben«, gehört unbedingt auf die Müllkippe. Die Story glaubt dir ohnehin keiner.

- Das seltsam geformte Ganzkörpermassagegerät im schweinsledernen Etui hat schon starke Gebrauchsspuren, und erstens ist es eigentlich kein Ganzkörpermassagegerät und zweitens ist jetzt dein Partner oder deine Partnerin für alles zuständig, was Entspannung betrifft.

Der *Fack-ju-Göhte*-Pappaufsteller von Elyas M'Barek wirkt in der gemeinsamen Küche keineswegs so originell wie in deinem Single-Apartment auf dem Klo. Auch die Figur des Stormtroopers in Lebensgröße, der auf deinem WC das Klopapier griffbereit gehalten hat, dürfte in Kürze zurück in die Zukunft bzw. auf die Müllkippe reisen.

- Das ausgestopfte Krokodil von deiner ersten Ägypten-Reise ist nicht nur ein illegales Mitbringsel, sondern beginnt ganz unten am Schwanz auch schon zu schimmeln.

- Bigamisten sollten es von Anfang an vermeiden, Fotos ihrer Zweitfamilie aufzustellen.

- Die Borussia-Dortmund-Bettwäsche unterstreicht keineswegs deine Männlichkeit, da macht sie schon dein Bärenfell-Foto mehr an und da warst du gerade einmal 16 Monate alt.

- Der Teppich mit dem originell geformten Fleck, den du von Tante Ida geerbt hast (den Teppich, nicht den Fleck), sieht aus, als hätte jemand ein Huhn darauf geschlachtet. Die lustige Geschichte über die Flasche Ketchup beim letzten Treffen der Typen aus der alten Klasse interessiert niemanden wirklich und der Teppich sieht dadurch auch nicht besser aus. Er bleibt ein alter, vergammelter Fetzen, der umgehend auf den Sperrmüll gehört.

- Deine gewaltige Stereoanlage mit den 1000-Watt-Boxen, die du von Opa geerbt hast und von der angeblich ein baugleiches Exemplar im Museum Of Modern Arts steht, hat den Geist aufgegeben, dennoch magst du dich nicht davon trennen – sie ist sozusagen dein 1990er-Hifi-Altar. Aber spätestens wenn Nachbarn deiner Partnerin oder deinem Partner erzählen, dass die Monsteranlage noch vor Kurzem funktioniert hat und jedes Mal, wenn du »Smoke on the Water« (Vinyl-LP, ebenfalls geerbt) gehört hast, in der ganzen Straße der Putz von der Decke gerieselt ist, ist es Zeit zu begreifen, dass du aus der Kirche der wummernden Bässe austreten musst …

Sie im Dekowahn

Auch wenn man in der männlichen Wohnung ein paar Relikte aus wilderen Tagen findet: Im Allgemeinen mag er es einfach, aber geschmacklos – behaupten zumindest dekorativ tätige Frauen. Schon ein zusätzliches Bild an der Wand ist seiner Meinung nach völlig übertrieben, von der Anschaffung einer Zimmerpflanze ganz zu schweigen. Die muss man(n) ja gießen …

Spätestens beim Einzug in die gemeinsame Wohnung wird ihm jedoch klar, dass seine Partnerin in dieser Hinsicht ziemlich anders tickt und eine ausgeprägte Leidenschaft für Grünzeug und dekorativen Schnickschnack besitzt. Deko Weihnachten, Deko Ostern, Frühjahr, Herbst – akribischer als ihre Akten beschriftet sie nur die Kartons voller Plastik-Plunder, die er ab jetzt alle Jahre wieder aus dem Keller hervorkramen darf. Während sich allein bei dem Gedanken an zukünftige Jahreszeitenumschwünge und Feiertage jedes seiner Nackenhaare sträubt, lässt seine Partnerin in unermüdlicher Kreativität keine Gelegenheit zur Umgestaltung des gemeinsamen Heims ungenutzt. Je ausgefallener ihre Ideen, desto länger wird sein Gesicht.

Gerne werden Play-Station und Flatscreen-Media-center mit wild blinkenden Mini-Weihnachtsbäu-men dekoriert, nüchterne Tageslichtlampen von grausam grellbunten Lichterketten entstellt und auf jeder Ablagefläche sammelt sich klebrig glitzernder Kunstschnee. Was er zu Beginn ihrer Beziehung noch als »niedlich« und »einfallsreich« betitelt hat, ist plötzlich »grenzwertig«, »strapaziös fürs Auge« und schließlich »zum Kotzen«. Diese Entwicklung ist nicht weiter verwunderlich. Konnte er den Ein-fallsreichtum bei der Gestaltung ihrer Do-it-your-self-Adventskalender früher noch aus der Ferne bewundern und war sogar regelmäßig Empfänger liebevoll gebackener Weihnachtsplätzchen, muss er die 24 Törchen inzwischen selbst ausschneiden und beim Backen eigenhändig den Teigroller schwingen. Sein männliches Ego ist empfindlich gestört und sei-ne Partnerin macht das Dilemma in bester Absicht nur noch schlimmer. Ausschweifend berichtet sie ge-meinsamen Freunden bei jeder Gelegenheit von der tatkräftigen Hilfe ihres Freundes mit den Aussagen wie: »Ich liebe meinen Weihnachtsbäcker!« Und: »Er ist der geborene Hausmann!«

Doch dieser liebevolle Zwang zum Mitmachen beim Weihnachtswahnsinn und die vorwiegend visuellen Veränderungen in der Wohnung sind nichts im Vergleich zu den Herausforderungen an den Tagen, an denen sie beginnt, die Wohnung aromatisch zu fluten. Gegen Ende des Jahres packt sie der zwanghafte Wunsch nach duftiger Gemütlichkeit, balsamischer Exotik und völlig neuer Atmosphäre, meist nachdem sie »mal eben« zwei Stunden über den Weihnachtsmarkt geschlendert ist. Sie bringt XXL-Duftkerzen und Räucherstäbchen-Bündel mit, und das gleich in Mengen, die als Vorrat für die kommenden Jahre dienen können. Bei den Duftkombinationen schöpft sie aus dem Vollen: Vanille im Bad, Zimt in der Küche, im Wohnzimmer Ylang-Ylang und im Schlafzimmer anregendes Patchouli, sinnliches Moschus oder noch ein paar ausgefallenere Düfte aus dem Orient – alles im Sinne gesteigerten Wohlbehagens. Das allerdings will sich – zumindest bei ihm – nicht so recht einstellen …

Nirgendwo sonst zeigt sich die plakative Unterschiedlichkeit zwischen Mann und Frau so sehr wie in Dekofragen bezüglich des Eigenheims und nirgendwo sonst ist die Chance besser, etwas Neues fürs Leben zu lernen: Sie könnte realisieren, dass weniger manchmal mehr ist, und er begreifen, dass ihm kein Zacken aus der Krone der Männlichkeit fällt, wenn er in wohnlichen Zimmern lebt. Und wer weiß: Vielleicht drückt sie in Zukunft bei der

Borussia-Dortmund-Bettwäsche doch mal ein Auge zu, wenn er diese – benebelt von den Düften ihrer Räucherstäbchen – mal wieder aus der Schublade kramt …

Vom Kampf mit dem Inbus-Schlüssel

»Wie verhindere ich, dass Billy & Co. einen von uns wahnsinnig machen und dass Ikea meine Ehe zerstört?«

Du erinnerst dich noch an die Geschichte mit dem Hochbett, damals in deinem Single-Apartment? Alles hattest du haargenau geplant, das Bett passte ganz wunderbar in die Zimmerecke und der Schreibtisch stand darunter, als hätte er nie irgendwo anders stehen sollen, wäre da nicht diese eine Sache gewesen: die Deckenhöhe. Wenn du nämlich nach oben ins Bett geklettert bist, blieben über dir ganze 25 Zentimeter Luftraum – nicht genug, um aus einem Albtraum aufzuschrecken, und den hattest du von da an immer wieder. Den Albtraum, du hättest ein Bett gebaut, das langsam wachsen würde, immer höher und höher und dich gegen die Decke drücken und zerquetschen wollte ... du bist eben kein wirklich guter Heimwerker.

Du glaubst nicht, dass es an deiner mangelnden Heimwerkerqualifikation liegt? Schon möglich. Du bist nicht allein mit der Erkenntnis, das bei vielen Mitnahme-Möbeln ausgerechnet immer die letzte entscheidende Schraube fehlt oder dass der mitgelieferte Inbus-Schlüssel die falsche Größe hat oder dass der benötigte Schlüssel eine Zwischengröße hat, sodass du mit deiner Heimwerker-Komplettausstattung aus der Werkzeugabteilung im Baumarkt auch nicht weiterkommst. Nein, versuche nicht, die Schrankwand kreativ zu montieren! Doch, sie bleibt vielleicht eine oder zwei Wochen stehen, aber schon beim nächsten winzigen Erdbeben – im Rheinland und in Baden-Württemberg sind kleinere Erdbeben bis zur Stärke drei nicht selten –wird sie mit Sicherheit zusammenbrechen und deine wertvolle Sammlung früher Biergläser aus dem Ruhrgebiet oder altbayerischer Schnupftabakdosen mit sich reißen wie damals das einstürzende Stadtarchiv in Köln die wertvollen Dokumente aus dem Mittelalter.

Pack also lieber alles wieder ein und bring es zurück. Lass dir einen neuen, dann hoffentlich vollständigen

Möbelbausatz geben und starte einen zweiten Versuch. Irgendwann muss es ja klappen.

Du kannst dich allerdings auch für eine Einrichtung auf der Basis von Paletten entscheiden, das Paletten-Design liegt jetzt im Trend und für den Bau von Palettenmöbeln brauchst du allenfalls grobmotorische Befähigungen. Dementsprechend sieht deine Hütte dann anschließend auch aus – motorisch.

Vor der Anschaffung von Polstermöbeln vom Sperrmüll sei eindringlich gewarnt, nicht umsonst ist die Sessellaus Thema in einer angesagten Sitcom, und auch ihre Verwandten, die Sofakakerlaken, Küchenmöbelkäfer und Schaumstoffmatratzenrüssler, gibt es vermutlich überall am Straßenrand, genau dort, wo unsere Großeltern noch die röhrenden Brunftschreie des kleinen grünen Steinbeißers vernehmen konnten, der mittlerweile leider ausgestorben ist.

Und vergiss nicht, dass jedes zehnte Kind in Deutschland in einem Ikea-Bett gezeugt wird!

Sie und ihre Zimmerpflanzen

Es grünt unglaublich grün, sie hat den grünen Daumen und schnell schleicht sich bei ihm die Frage ein: Wen hat sie eigentlich lieber, ihren Drachenbaum oder ihren Lebensgefährten? Für die Wartung und Pflege des einen bringt sie auf jeden Fall deutlich mehr Zeit und Energie auf als für die des anderen. Es wird geputzt, gegossen, entstaubt, umgepflanzt und dekoriert – und das nicht alle paar Wochen, sondern beinahe täglich. Am liebsten bezieht sie ihren Partner aktiv in die Pflege mit ein, denn vier Hände arbeiten besser als zwei. Die Bedürfnisse ihrer exotischen Lieblinge kennt sie ganz genau und richtet auch ihren Lebensstil danach aus. Die Sonne blendet auf dem Fernseher? Pech gehabt, die Orchideen auf der Fensterbank brauchen Licht. Die Heizung im Schlafzimmer muss auch nachts auf Stufe 5 stehen? Das ist schon richtig so, denn Bogenhanf und Elefantenohr sollen sich wohlfühlen – dafür muss er eben ein bisschen schwitzen. Mit steigender Größe des innerhäuslichen Dschungels verändert sich neben der Art des Wohnens auch schleichend die gemeinsame Freizeitgestaltung. Samstage verbringt das Pärchen – oder besser gesagt sie mit ihm im Schlepptau – plötzlich viel lieber im Gartencenter als auf der Couch. Auch testet die Frau zum Leidwesen ihres Partners gern die heilende Wirkung von Aloe-Vera-Pflanzen an den Hautunreinheiten in seinem Gesicht. Der Mann hat mit der Akzeptanz für ihre Leidenschaften oftmals ziemlich zu kämpfen, sieht sich als Versuchskaninchen ihrer botanischen Experimente.

Doch es ist nicht alles schlecht, was grünt, und die negative Einstellung nicht zwangsläufig berechtigt. Manchmal lohnt sich die Einnahme einer anderen Perspektive. Die folgenden guten Gründe für mehr (Hass-)Liebe zu Zimmerpflanzen, Grünzeug & Co. muss man(n) unbedingt kennen und wertschätzen:

- Sie hören sich zwar nach Beleidigungen auf Grundschulniveau an, doch Fetthenne, Efeutute, Gummibaum und Bastard-Pflanze sind wirklich gängige Bezeichnungen für einige der Pflanzenarten, die sich Frauen gerne in ihre Zimmer stellen. Was bereitet der Dame also mehr Freude, als eine dieser kuriosen Bezeichnungen ihrer schönen Gewächse jeden Tag aufs Neue von ihrem Partner liebevoll vorgeflüstert zu bekommen? »Schatzi, ich hab hier ein paar Pissblumen für dich!« Mit diesem Satz zeigt er liebevolle Übereinstimmung mit ihrer floralen Leidenschaft, zumal, wenn er ihr dazu einen Strauß selbst gepflückten Löwenzahns, der Pflanze mit dem lateinischen Namen *Taraxacum*, überreicht und sich mit deren Bezeichnung »Pissblume« als rustikaler Insider und ausgewiesener Pflanzenliebhaber erweist. Was für ein Liebesbeweis von seiner Seite! Wenn ihm oder ihr die sanitäre Bezeichnung für den gelben Strauß stinkt, kann er ihr synonym auch Hunde- oder Pusteblumen überreichen ...

- Generell muss er sich bei einer Pflanzenliebhaberin keine Sorgen um ein unpassendes Geschenk machen. Nie wieder viel zu teurer Schmuck aus dem Juweliergeschäft! Einmal in den nächsten Blumenladen gehüpft, kann er ihr ohne großen Aufwand eine Freude bereiten. Zum Geburtstag gibt es einen neuen Blumentopf, zum Namenstag eine Bananenstaude und zu Weihnachten kann er ihr eine Kollektion ausgefallener Samenkörner für das Frühjahr überreichen ...

- Ein Kräuterhochbeet und Tomatenpflanzen bringen nicht nur geschmacklich Schwung in die Bude, sondern ein wenig (viel) Grün erhöht auch optisch den Wohlfühlfaktor des trauten Eigenheims. Wer mag schon kahle Wände und leere Fensterbänke? Meist nur die Männer, die sich darüber ärgern, dass man sich um Pflanzen kümmern muss – und sich dann mit einer Palme aus Plastik zufriedengeben. Wer das früh genug erkennt, profitiert umso stärker von der Leidenschaft seiner Lebensgefährtin. Was macht es da schon, wenn man sich während der aktivsten Wachstumsperiode morgens mal mit der Machete zum Kühlschrank durchschlagen muss?

- Pflanzen sollen ja auch gut für das Raumklima sein. Deshalb ist Lüften – schon immer lästig – in Zukunft nicht mehr nötig, denn die Luft in der gemeinsamen Wohnung reinigt sich ganz wie von selbst. Zugige Räume, nächtlicher Autolärm, fieses Kindergeschrei oder laute Dorffestmusik – es gibt 1000 Gründe, die einem bei offenem Fenster den Schlaf rauben können. Für den bewohnten feuchtwarmen Dschungel ist das kein Thema mehr! Weitere Verbesserungen kommen hinzu: Nach zwei bis drei Monaten ist die Zucht von Mu-Err-Pilzen auf dem Wohnzimmerteppich mühelos möglich.

Luxusküche: ja –
kochen: nicht unbedingt ...

Es gibt exotische Vogelarten, bei denen die Männchen versuchen, Weibchen durch den Bau eines luxuriösen Nestes zu beeindrucken und für eine gemeinsame Eiablage zu gewinnen. Seltsamerweise übernehmen einige wohlhabende männliche Exemplare des Homo sapiens diese Strategie. Sie scheuen weder Kosten noch Mühen, das Küchendesign stammt von Porsche, die Arbeitsplatte besteht aus Himalaya-Blue-Granit von der Nordflanke des Kangchendzönga ... Und das funktioniert! Schon nach der ersten Führung durch das künftige gemeinsame Heim lässt sich das Luxusweibchen auf eine Verbindung ein – nicht zur Eiablage, aber sonst mit dem vollen Programm. Die Suppenküche macht eben total glücklich. Wenn ihre Freundinnen sie besuchen, ist alles wie geleckt und sie veranstaltet Führungen. Nur eines wird sie mit Sicherheit nie darin tun: Sie wird auf ihrem schneeweißen, vom Mobiltelefon aus programmierbaren Induktionsherd nie irgendetwas kochen. Dennoch hat die Küche ihren Zweck voll erfüllt. Aber noch eine Steigerung ist möglich, die das Paar gemeinsam genießen kann: Man mietet einen Sternekoch für die große private

Kochshow im Kreise erlesener Freunde. Seid froh, wenn ihr beide einen Elektroherd oder eine Mikrowelle bedienen könnt und für euer Prestige nicht die Haute Cuisine braucht.

GLÜCKLICHES EHELEBEN IN GEFAHR!

Dieses Kapitel warnt vor den Tücken und Fallen des Partnerschaftsalltags.

Du heiratest eine Familie!

In der Phase der Verliebtheit hast du nur Augen für deinen Partner oder deine Partnerin – das reicht auch erst mal, damit hast du genug zu tun. Mit der Zeit wirst du aber bemerken, dass der Mensch, den du liebst, nicht solo zu haben ist, denn da gibt es noch ihre oder seine Familie. Auch die attraktivsten Partner haben – man höre und staune – eine Mutter und einen Vater. Damit musst du dich abfinden.

Wer jetzt erwartet, dass an dieser Stelle vor Schwiegermüttern gewarnt wird, liegt völlig falsch. Schwiegermütter wie in Schwiegermütterwitzen gibt es nicht mehr. Wenn es heute klopft und es ist die Schwiegermutter, kannst du den Satz »Schwiegermutter, was stehst du denn da draußen im Regen? Geh doch einfach nach Hause!« nicht mehr zur Anwendung bringen. Die moderne Schwiegermutter weiß sich nämlich zu wehren. Ein Shitstorm bei Facebook wäre da noch eine relativ freundliche Reaktion.

Die allererste Frage, die sich dir stellt, wenn der Besuch von Schwiegermutter oder -vater angesagt ist, ist: Wie vermeide ich einen Lachkrampf, wenn seine Mutter ihn ›Schnurzelchen‹ oder ihr Vater sie ›Mäuschen‹ nennt?

Entscheidend ist auch, um sich nicht bereits im Vorfeld des Eintreffens in Unstimmigkeiten aufzureiben: Wie vermeide ich es, dass mein Partner oder meine Partnerin in einen Aufräum- und Putzwahn gerät, wenn die jeweilige Mutter ihren Besuch ankündigt? Allgemein gültige Strategien gibt es da leider nicht. Im Einzelfall helfen Stress abbauende Yogaübungen, Baldrian- oder Hopfentee oder andere Kräuter – überhaupt alles, was die Gelassenheit fordert.

Während übrigens früher nur Frauen vom MuPu-Wa befallen wurden, will sich heute der neuzeitliche junge Mann nicht mehr nachsagen lassen, dass er ohne Frauen und vor allem ohne Mutter rettungslos verloren wäre. Da greift er doch lieber mal zum Staubsauger – häufig sehr zur Verwunderung seine Lebensgefährtin, die nun bei existenziellen Fragen helfen muss: »Sag mal, wie kriege ich denn jetzt dieses irrsinnig lange Stromkabel wieder in den Staubsauger rein?«

Ach du bist es, Mama!

Es ist ein Faktum: Töchter telefonieren stundenlang mit Müttern, nicht immer, aber immer öfter. Mutti ist die beste Freundin, keine Frage. Dass sich seine Schwiegermutter auch hin und wieder in Beziehungsfragen einmischt, kann ihn allerdings ganz schön auf die Palme bringen, und bei manchen ihrer Therapievorschläge kocht sein Blut wie Frittenfett und seine Stirnader droht zu platzen. Derartigen Anlass bietet ein Telefonat zwischen Vater und Sohn nicht. Sie bringen es kaum auf eine Gesprächsdauer von mehr als 30 Sekunden und reden nur über Belanglosigkeiten, bestenfalls über Autowerkstätten und die Bundesliga. Was im Gegensatz dazu Mütter und Töchter miteinander besprechen? Hier eine Themenliste:

- **Sein Erscheinungsbild:** Sieht er mit oder ohne Bart besser aus? Sind seine Haare zu lang oder zu kurz? Hat er zugenommen und ist merklich gealtert? Ihre Mutter hat dazu garantiert eine Meinung.

- **Hobby und Freizeit:** Ihre Mutter möchte die beiden Liebenden gerne öfter sehen, schließlich kann man sich persönlich viel besser auf dem Laufenden halten. Jedes zeitaufwendige Hobby ihres Schwiegersohnes ist ihr deshalb ein Dorn im Auge.

- **Gesundheitstipps by Mama:** Die beiden Frauen sind sich der Risiken einer ungesunden Lebensweise sehr bewusst. Wie kann die junge Frau ihren Partner also davon überzeugen, vegetarische und vegane Gerichte mit viel Gemüse ohne Murren zu essen oder sogar selbst ab und an den Kochlöffel zu schwingen?

- **Familie und Prioritäten:** Ihre Mutter fragt gerne nach dem aktuellen Stand der Familienplanung und möchte möglichst schnell Großmutter werden. Was auch immer ihre geliebte Tochter beruflich in Zukunft noch erreichen will, sie muss es mit der Familie vereinbaren können!

Puh, ganz schön viele wichtige Themen in kurzer Zeit. Die neu gewonnenen Erkenntnisse teilt die junge Frau ihrem Lebensgefährten im Anschluss an das Telefonat natürlich umgehend mit, beginnend mit den Worten: »Meine Mutter findet übrigens auch ...«

»Meine Mutter findet übrigens auch, dass die Hemden von meinem Vater dir wunderbar stehen würden!«

»Meine Mutter findet übrigens auch, dass du dich in letzter Zeit ganz schön gehen lässt.«

»Meine Mutter findet übrigens auch, dass du für Videospiele zu alt bist.«

»Meine Mutter findet übrigens auch, dass du ganz schön oft zum Fußball gehst.«

»Meine Mutter findet übrigens auch, dass du weniger Fleisch essen solltest.«

»Meine Mutter findet übrigens auch, dass wir wieder öfter vorbeikommen sollten.«

Und was ist, wenn seine Mutter, die arme, kommunikativ völlig unausgelastete Frau verzweifelt um Gedankenaustausch bittend anruft? Er ist natürlich nicht da und bemerkt den Anruf überhaupt erst, wenn sie sich beschwert: »Deine Mutter hat wieder den ganzen Anrufbeantworter vollgequatscht, das nervt!«

Lena, Sonja oder Kathrin ...

Du hast eine nette Frau kennengelernt, aber sie hat ein paar nervige Freundinnen. Da musst du durch, genauso wie jeder andere Mann. Was sich schon zu Schulzeiten in übergroßen Mädchentrauben auf dem Schulhof und in langen Schlangen vor dem Mädchenklo bemerkbar gemacht hat, ändert sich auch im Erwachsenenalter nicht wirklich: Ehefrauen und Freundinnen gibt es nur im Bundle.

Als Mann scheint es dir unmöglich, die Dynamik einer weiblichen Clique oder postpubertären Mädchenbande nachzuempfinden. Du selbst würdest nicht mal davon träumen, deinen Kumpels beim abendlichen Zusammensitzen von Streitigkeiten mit deiner Partnerin zu berichten – geschweige denn von sexuellen Problemen!

Dich schockt es deshalb, dass die beste Freundin deiner Frau genauer über euer Sexleben Bescheid weiß als du? Dass »die Mädels« in deiner Gegenwart über Blicke kommunizieren und hinter deinem Rücken in den Tiefen deiner Kindheitstraumata herumwühlen? Gewöhn dich lieber dran, Buddy, das Leben ist hart. Frauen reden gerne, und das am liebsten über ihre Männer. Es wird gemeinsam gegackert, gelästert, philosophiert und vor allem werden Informationen über die intimsten Details der Liebe ausgetauscht. Durch eine Männern völlig unbekannte symbiotische Beziehung hat jede der Frauen für die anderen einen Tipp parat, jede muss zu jedem Problem ihren Senf dazugeben. Auch Penisgrößen oder vorteilhafte Kamasutra-Stellungen sind mittlerweile in weiblichen Freundeskreisen längst kein Tabuthema mehr. Gibt es irgend etwas, dass man(n) gegen diesen östrogengeladenen Meinungsaustausch unternehmen kann? Die Antwort ist simpel: schwul werden.

Ist das für dich keine Option, dann freu dich doch einfach über das hohe weibliche Interesse an deinem Leben. Wenn deine Partnerin dir das Jawort gibt und ihre Clique sich ehrlich für euch freut, kannst du dir nur gratulieren. Du hast nicht nur eine, sondern gleich mehrere Frauen für dich gewonnen und beim härtesten aller Beziehungstests wohl nicht allzu schlecht abgeschnitten. Das ist alles, was zählt.

Thorsten, Simon & Co.

Warum macht er den Macho, wenn seine Freunde Thorsten, Simon & Co. da sind? Männer sind in mancher Hinsicht simpel gestrickt. Es gibt so etwas wie einen Gruppenkonsens, oft unausgesprochen und sehr oft von überkommenen Rollenbildern geprägt: Mann = Macho. Daher darf er vor seinen Freunden keinesfalls zugeben, dass nicht er es ist, der in seiner Beziehung die Hosen anhat – sogar die Erklärung, dass er mit Partnerin (oder Partner) auf Augenhöhe verkehrt, muss er mit einem Augenzwinkern infrage stellen. Vermutlich hängt diese Egoschwäche mit den fehlenden Chromosomen im männlichen Genom zusammen. Nur Frauen haben doppelt so viel X.

Es fällt nicht nur Frauen auf: Männer werfen sich in die Brust, sprechen lauter, geben sich überzeugter, haben enorm bedeutende Standpunkte und formulieren aus dem Stegreif Aussprüche fürs Geschichtsbuch, wenn sie mit anderen Männern zusammen sind. Die Gesellschaft von Frauen lässt sie eher witziger und verbindlicher werden – sind Männer in der

Nähe, geht es immer darum, wer das Alphamänn-
chen ist.

Alltagskatastrophen und Beziehungskiller

Das ist die starke Seite von Seifenopern, wenn es
gute Seifenopern sind: Sie schildern nicht schicksal-
hafte Großdramen (jedenfalls nicht nur), sondern
befassen sich vor allem mit den kleinen Anlässen
und den scheinbar unbedeutenden Momenten des
gemeinsamen (Liebes-)Lebens – also mit dem wah-
ren Zündstoff, der die wirklich schweren zwischenmenschlichen Explosionen auslösen kann.

Es gibt ein paar Dinge mit schlechter Wirkung auf
die Beziehung, die Männlein und Weiblein schon
aus natürlicher Scham in Gegenwart des anderen
vermeiden: auf die Toilette gehen, wenn es mehr
als tröpfelt, ungehemmt furzen (besonders wenn es
stinkt), lauthals rülpsen, Pickel ausquetschen, mit
dem Finger in der Nase bohren, sich vor dem anderen die Beine oder sehr private Körperregionen
rasieren. Das alles ist banal (wird aber trotzdem oft
falsch gemacht).

Es gibt aber auch ein paar andere Knackpunkte, Stolpersteine oder Sollbruchstellen in jeder Beziehung, die du auf dem Schirm haben solltest, denn wenn du sie nicht beachtest, katapultierst du dich und deine Liebe schlagartig – oder auch ganz langsam – in Richtung ganz große Krise.

- **Das Traumprinz-Syndrom** zwingt dem männlichen Partner in der Beziehung eine Rolle auf, die er nicht spielen kann oder will – sie mag ihn aber nicht, wenn er nicht als strahlender Held auf dem weißen Schimmel daherkommt, sondern als ganz gewöhnlicher Mann. Diese Beziehungsstörung solltest du rechtzeitig ansprechen. Ein weibliches Gegenstück dazu existiert natürlich auch.

- **Das Madonna-Syndrom** drängt wiederum ihr eine unerwünschte Rolle auf. Er will sie nicht einfach nur gern haben oder lieben, sondern wie eine Heilige anbeten. Deshalb muss sie immer und überall übermenschlich schön und bewundernswert sein. Alles, was nicht in dieses Muster passt, geht ihm gegen den Strich und macht ihn sauer – bei manchen Machos ist es von der Madonna zur Hure nur ein winziger Schritt. Auch hier: rechtzeitig das Stoppschild herausholen!

- **Das Murmeltier-Syndrom**, sprich: Die tägliche Routine ist lebensgefährlich für jede Beziehung. Ein Kompliment, ein kleines Geschenk oder eine spontane Überraschung treiben das Nagetier zurück in seinen Bau.

- **Das Sisyphos-Gefühl** – der Held in der griechischen Sage leidet unter einer furchtbaren Strafe der Götter: Er muss einen Felsbrocken einen Berg hinaufrollen und immer, wenn er oben angekommen ist, entgleitet ihm seine Last und rollt wieder zurück ins Tal. Sobald dieses Gefühl in einer Beziehung zum ersten Mal aufkommt, ist eine Auszeit oder ein spontaner Urlaub ein gutes Gegenmittel. Zum Beispiel kannst du den Felsen unten im Tal liegen lassen und ohne schwere Last auf den Berg klettern, um die Aussicht zu genießen.

- **Unpünktlichkeit:** Du kannst jeden Menschen warten lassen, aber nicht deinen Partner! Nein, er oder sie nimmt es vielleicht nicht erkennbar krumm, aber jemanden warten zu lassen, bedeutet, dass er nur ein unbedeutendes Glied in einer Warteschlange ist, für dich jedenfalls nicht die Nummer eins. Allzu häufig verträgt das keine Beziehung.

- **Scheinbar grundloser Streit** ist ein sicheres Alarmsignal, besonders dann, wenn es um lächerliche Kleinigkeiten geht – seine Barthaare im Waschbecken oder die Art und Weise, wie sie sich im Bad mit Hyaluron-Tagescreme, Ansatz-Volumen-Spray, Super-Wrinkel-Booster, Totes-Meer-Algen-Maske und ungefähr vier Dutzend Bodylotions breit macht, sodass er keinen Platz mehr für seine Zahnbürste findet. Sie könnte eine ganze Lkw-Ladung Kosmetika im Bad deponieren, wenn mit ihrer Beziehung alles in Ordnung wäre. Also: den Streit beenden und vernünftig darüber reden, warum der eine oder die andere oder sogar beide auf Krawall gebürstet sind.

- **Geben und Nehmen** – vor lauter Liebe kommt der eine Partner leicht in die Rolle des bewunderten Superstars und vergisst, dass der andere nicht immer nur geben kann. Sie genießt die Sonne seiner Liebe und schreibt Autogramme, während er emotional auf Diät gesetzt ist – Konfliktpotenzial!

- **Verstärkte Enttäuschungen** – es ist sicher gut, wenn du und dein Partner Gefühle teilt, und zwar gute und aufbauende Gefühle. Geteilter Frust wird aber doppelter Frust, geteilter Ärger wird zum Megagroll. Statt die Enttäuschung durch umfangreiche Gespräche darüber noch hochzuschaukeln, wäre hin und wieder ein Kick in die positive Richtung besser. Ein Satz wie »Jetzt vergiss mal den ganzen Ärger und lass uns ...« Einen langen Spaziergang machen? Den nächsten Urlaub planen? Mal bei Freunden vorbeischauen? Alles besser, als sich gemeinsam im Frust zu aalen.

- **Die Kompromiss-Spirale** erleichtert das Zusammenleben nur scheinbar. Wenn jeder einmal für den anderen auf etwas verzichtet, mag das noch angehen, aber wenn sich die Kompromisse häufen, verbinden die Partner vor allem Frustrationserlebnisse miteinander – man bekommt ja nicht, was man will, wenn man sich mit diesem Partner einlässt. Deshalb braucht eine Beziehung so oft wie möglich das volle Programm – für beide, dann geht es beiden besser.

- **Liebe? Logisch!** Besonders Männer gehen selbstverständlich davon aus, dass wie ein Naturgesetz eine riesige Wolke Liebe über ihrer Beziehung schwebt. Eigentlich sind sie nur zu faul, ihrer Zuneigung hin und wieder Ausdruck zu verschaffen, und wundern sich dann, wenn ihre Dame beim ersten Kompliment von anderer Seite fremdgeht.

- **Das war doch nur ein winzig kleiner Ausrutscher! Nein**, Vertrauen ist etwas Ganzheitliches, nur ein bisschen Vertrauensverlust funktioniert nicht. Wenn man das Vertrauen in einer Beziehung erhalten will, muss man es täglich beweisen – immer und in jeder Kleinigkeit.

- **Wütend ins Bett?** Gleichgültig, wie schwierig es ist, die Kurve zu kriegen: Nach einem Streit muss die Versöhnung kommen. Gehst du abends wütend und verärgert ins Bett, versaust du nicht nur dir selbst den nächsten Tag, sondern gefährdest womöglich die Beziehung. Also: Die Versöhnung nicht vergessen! Wer sich streiten kann, sollte sich auch wieder lieben können. Wenn die Fetzen geflogen sind, tut eine ordentliche Portion Wärme beiden Partnern gut. Ein platter Satz wie »Na, dann ist ja alles wieder in Ordnung!« genügt nicht wirklich, um die emotionalen Wunden zu heilen. Übrigens: Der große Schweiger ist eine beliebte Männerrolle im Beziehungstheater und meist Teil der Generalprobe für das Stück. Das Ende einer großen Liebe. Wenn er die Zähne nicht auseinanderkriegt, geht vermutlich bald ein Paar auseinander.

- **Vorsicht vor der fiesen Tante!** Verwandte mischen sich allzu oft mit Ratschlägen in eine Beziehung ein. Besonders gern wiegeln sie den einen Partner gegen den anderen auf, vermutlich einfach, weil es Spaß macht. Zeig Tante Lina, der alten Giftspritze, die Arschkarte, pinkele Onkel Jakob, dem zur Person gewordenen Spaltpilz, bei nächster Gelegenheit kräftig ans Bein – das schuldest du deiner Beziehung.

- **Lasst euch eure Geheimnisse!** Sollte einer der Partner kriminalistische Ambitionen haben, so sollten Nachforschungen innerhalb der Beziehung tabu sein. Jeder hat eine Reihe von Geheimnissen, die wirklich niemanden – auch den engsten Partner nicht – etwas angehen, es sei denn, sie werden freiwillig geäußert.

Der weibliche Recycling-Traum

Zu den ganz großen romantischen Traumvorstellungen moderner Frauen zählt heute eine ganz besondere Sorte Mann. Nein, hier geht es nicht um den *knight in shining armour*, den Ritter auf dem weißen Pferd. Tiefe sehnsüchtige Gefühle weckt der Mann, der Papier und Pappe, Plastik-, Bio- und Restmüll unterscheiden und womöglich sogar trennen kann. Die Realität ist jedoch eine andere: Der moderne

Mann weiß zwar eigentlich genau, wie es geht, aber irgendwie ist es ihm am Ende doch zu kompliziert – und zu lästig.

Ständig wirft er alles in die falsche Tonne, um sich später darüber zu wundern, dass das Ding schon wieder voll ist. Doch bevor der moderne Held des Haushalts auf die Idee kommt, den überquellenden Mülleimer selbst auszuleeren und nach draußen zu bringen, muss so einiges passieren. Während der Gestank aus der vollen Tüte bei ihr bereits einen Würgereiz und tränende Augen verursacht, scheint er dagegen immun zu sein, ja nicht mal Notiz davon zu nehmen, während er den Abfall weiter zusammendrückt, um noch etwas nachzustopfen. Selbst die mit der Zeit immer häufiger auftretenden Nebenwirkungen wie in großer Zahl ausschwärmende Fruchtfliegen bemerkt er höchstens, wenn sie sich darüber aufregt.

Ja, Mädels, leider ist das auch in den modernen Haushalten der heutigen Generation immer noch nicht wesentlich anders als in früheren Zeiten. Es scheint so, als sei das Ausblenden des heimischen Abfalls im männlichen Wahrnehmungsschema fest im Genmaterial verankert, ein grundlegender Bestandteil des Y-Chromosoms. Versuche zur Umerziehung sind deshalb eigentlich von Anfang an zum Scheitern verurteilt. Du platzierst den vollen Müllbeutel direkt vor der Wohnung- oder Haustür und hoffst, dass er ihn morgens beim Verlassen des Hauses nach draußen trägt? Vergiss es, das haben vor dir schon unzählige andere Frauen versucht und waren mehr als erstaunt, als ihr Partner wie selbstverständlich über den Beutel stieg und mit leeren Händen die Tür hinter sich schloss.

Auch dass er keinen blassen Schimmer vom Abholplan der Müllabfuhr hat, ist so sicher wie das Amen in der Kirche. Das wäre aber kein Grund zur Aufregung, Männer müssen ja nicht alles wissen und nicht alles verstehen, sollten dann aber wenigstens ohne großes Murren die strikten Anweisungen ihrer Partnerinnen befolgen.

Suspekte Geräte

Maschinen, für die er sich interessiert, bedient ein Mann ohne die geringsten Probleme, gleichgültig, wie aufwändig das Wissen um das Benutzerinterface und die Funktionen auch sein mag. Maschinen hingegen, die Dinge tun, die ihm eigentlich »am Arsch vorbeigehen«, bestraft er mit Ignoranz – Ausnahmen bestätigen die Regel. Dazu gehören drei wichtige Haushaltsgeräte, der Staubsauger, die Spülmaschine und die Waschmaschine.

Die Spülmaschine

Der ewige Kreislauf von Einräumen und Ausräumen – beginnen wir bei der Spülmaschine, einem Gerät, in das – aus männlicher Perspektive – rätselhafte Chemikalien gefüllt werden müssen, damit es funktioniert. Außerdem muss das Innere des Gerätes vor der Benutzung gecheckt werden: Ist der Inhalt sauber oder noch schmutzig? Will er sich durch Fehlverhalten als für den Gebrauch der Spülmaschine ungeeignet darstellen, disqualifiziert er sich, indem er alles kreuz und quer durcheinander einfüllt bzw. herausnimmt. Klebrige Löffel in der Besteckschublade und ein lukullischer Wochenrückblick auf den Tellern, die eigentlich sauber sein sollten, tun ein Übriges.

Die zweite Möglichkeit, seine Unfähigkeit zu demonstrieren, ist die Art und Weise, wie die Spülmaschine befüllt wird. Er schafft es, ein geradezu märchenhaftes Chaos von Besteck, Gläser, Tassen und Töpfen hineinzupacken, eine Installation, die den

Titel »Testosteron und die Folgen« tragen könnte. Hier kommt dann oft weibliche Ordnungsliebe dem männlichen Drang nach Nichtstun entgegen. Von ihrer Seite heißt es dann: »Lass die Finger von der Spülmaschine, du räumst eh alles falsch ein!« Aha. Sie kennt also die geheime Ordnung, er nicht. Und dabei belässt er es auch gern.

Solltest du, liebe künftige Ehefrau, einen Mann erwischt haben, der selbstständig und fehlerfrei eine Spülmaschine bedienen kann – halte ihn fest, er ist Gold wert, denn er hat haushaltstechnisch sicher noch mehr zu bieten.

Der Staubsauger

Du verstehst nicht so richtig, weshalb er drinnen eine Hausstaub- und Staubmilben-Überempfindlichkeit und dadurch auch eine Staubsauger-Allergie hat, sein Auto aber immer im Innenraum blitzsauber gesaugt ist? Doch nicht nur die Milben sind schuld an seiner Untätigkeit im Kampf gegen den Hausstaub, der alte Staubsauger ist ebenfalls eine Zumutung für ihn. Hinten und vorn undicht, man muss ihn nur einschalten, um Hausstaub-Wirbelstürme zu entfesseln, wahre Mikropartikel-Tornados, die dann natürlich – du kannst es dir denken – Augenjucken, Niesattacken und Hustenanfälle verursachen, sodass er unmöglich staubsaugen kann – so gern er dir auch helfen möchte. Wenn man(n) allerdings einen neuen Staubsauger anschaffen würde, so einen beutel- und kabellosen Power Cyclonic Vacuum Cleaner mit Softwalze und von künstlicher Intelligenz gesteuerter Fugendüse, so ein Hightech-Produkt mit Nickel-Kobald-Aluminium-Akku, Wandhalterung und Ladestation, dann sähe das vermutlich anders aus. Das wäre sein Gerät! Dass dieser Superduper-Jetset-Sauger ungefähr doppelt so teuer ist wie dein Kleinwagen spielt dabei natürlich keine Rolle.

Wenn so ein Ungetüm dann aber angeschafft ist, taucht bei ihm ein neuer Argumentationsstrang auf: Er wartet mit dem Staubsaugen, bis die nächste Generation Staubsauger 4.0 die Menschen – vor allem die Männer – endlich aus der Hausstaub-Knechtschaft befreit und alles, was mit der Bodenreinigung und Schadstoffpartikelentfernung zu tun hat, vollautomatisch abwickelt, von einem Computer gelenkt wie draußen der Rasenmähroboter. Zwischendurch geht der Sauger seiner Träume auch noch online gesteuert Sixpacks einkaufen.

Die Waschmaschine

Waschmaschinen sind an sich geschlechtsneutral. Das Gerät hat nichts dagegen, wenn kleine Kinder hineinklettern und Karussell spielen. Es behandelt beide Geschlechter im Schleudergang völlig ebenbürtig. Dennoch unterscheiden sich Männlein und Weiblein: Sie weiß von klein auf, wie man das Ding bedient, weil sie Mutter bei der Wäsche geholfen hat. Er war beim Waschtag immer blitzschnell verschwunden und muss jetzt erst lernen, was die Menschen mit dem doppelten X-Chromosom längst wissen. Nun ist ja Waschen keine Rocket Science, aber einige der Folgen seiner Unwissenheit werden ihn möglicherweise schwer belasten, wenn er nicht rechtzeitig vor möglichen Folgen gewarnt wird. Es macht aber unbändigen Spaß, ihn nicht zu warnen, doch sie sollte sich darauf vorbereiten, ihn psychisch zu unterstützen, wenn er seine komplette Unterwäsche rosa gefärbt hat.

Der Kühlschrank

Was das Kühlen von Lebensmitteln angeht, gibt es zwei große Problemkreise, die ein junges Paar sich vor der Eheschließung vor Augen führen sollte.

Der erste Krisenpunkt: Rätselhafterweise leiden nahezu alle Männer an einer Wahrnehmungsstörung, was dieses Kühlgerät zur Vorratshaltung im Haushalt angeht. Für viele ist der Inhalt des Kühlschranks ein weißer Fleck oder ein schwarzes Loch, je nachdem, wie man es sehen will. Es handelt sich um einen reinen Glücksfall, wenn er in einem Kühlschrank etwas findet, das ihm beim Öffnen der Tür nicht sofort entgegenfällt. Es gilt die Regel:

> **»Je voller der Kühlschrank,
> desto häufiger sieht er nichts.«**

Gut gekühlte Vorräte im hinteren Bereich entdeckt er einfach nicht – zum Beispiel die Butter hinter einem Glas Gurken, – eher findet er Pinguine und Eisbären im Tiefkühlteil als den Tuppertopf mit den Schinkenwürfeln mittendrin auf der oberen Etage. Ökotrophologische Wahrnehmungskurse, zum Teil von der Volkshochschule angeboten, erweisen sich da fast ausnahmslos als Fehlschlag, es sei denn, die Kursleitung verwendet alkoholische Getränke und Bockwürstchen als Versuchsobjekte.

Der zweite Krisenpunkt: Ähnlich wie beim Staubsauger hat er immer etwas an ganz gewöhnlichen
Kühlschränken herumzumäkeln und fordert die
Neuanschaffung eines Gerätes – entweder eine riesige amerikanische Side-by-Side-Kühl- und Gefrier-
kombination mit Wasserspender und Ice-Crusher
von den Ausmaßen eines Wohnanhängers oder ein
Hightech-Teil neuester Bauart. Wenn sie jedoch
nicht will, folgen langwierige Erklärungen: »Mit
dem Internet verbundene Kühlschränke mit Nach-
lieferautomatik sind ultrahip!« Auch diese Sache hat
aber ein Manko: Er beherrscht die Bedienung genauso wenig wie die der Spülmaschine, der neue In-
ternet-kompatible Kühlschrank bleibt ihm ebenfalls
ein Rätsel. Er kann Cooly (so nennt er das Mons-
ter liebevoll) gerade noch so weit programmieren,
dass er Bier und Senfgurken nachbestellt. Seine Versuche, Mettwürstchen und Wodka auf die Liste des
Grundbestandes zu setzen, scheitern regelmäßig,
nach 24 Stunden sind seine Eingaben einfach wieder weg – ganz so, als würde sie jemand löschen …
Eigenartigerweise sind Magermilchjoghurt und
Sauerkrautsaft jedoch immer in ausreichender Menge vorhanden …

Krisengebiet Küche

Um Himmels willen, er kann kochen! Ja, Männer können kochen – und wie! Jeder von ihnen hält sich für einen Spitzenkoch, und was sie produzieren, schmeckt oft sogar recht gut. Die Sache hat nur einen Haken: Wenn Männer kochen, erwarten sie den Küchen-Oscar für ihre Menüs, von allen Gästen am Tisch überschwängliches Lob und Anerkennung, fünf Sterne und drei Kochmützen und noch ein paar goldene Kochlöffel extra. Wenn Frauen kochen, ist das korrekt. »Ja, du machst es toll, das kann ich eigentlich nicht oft genug sagen, aber ...« Er vergisst es einfach meistens zu sagen. Kochen Frauen, räumen sie schon während der Arbeit an Herd und Töpfen die Küche auf, und wenn das fertige Essen auf den Tisch kommt, sieht in der Küche meist alles schon wieder völlig clean aus.

Ist er am Herd zugange, bleibt in der Küche das tobende Inferno zurück, Türme von Besteck und Geschirr, mit unbekannten Substanzen kontaminierte Arbeitsflächen, in Küchenmaschinen feststeckende Skelettteile nicht mehr erkennbaren Geflügels, Fußböden, auf denen man auf Bratfett Eiskunstlauf imitieren kann, mithilfe von Ketchup und Sojasoße neu gestaltete Küchenwände im Informel-Design. Teufels Küche eben. Und da er ja schon die ganze Koch-Arbeit so bravourös geleistet hat, kann das bisschen Aufräumen doch eigentlich sie erledigen …

Die gesunde Ernährung

Ehepartner mit unterschiedlichen Religionen sind kein Problem mehr, aber es lauern erhebliche Gefahren im Alltag, wenn sie der Kirche der glutenfreien Erleuchtung angehört, er sich aber als Grillmeister und BBQ-Ceremonial-Master des ganzen Viertels sieht. Auch Angehörige verschiedener veganer und vegetarischer Schulen trennt ein gewisses Konfliktpotenzial, was es auszubalancieren gilt. Noch viel schlimmer als der Ehemann, der meint, sich in Sachen Ernährung auszukennen, aber einer der vielen Experten ist, die regelmäßig bei McDonald's essen, ist ein anderer Typ: derjenige, der die Sache mit dem gesunden Essen tatsächlich mehr als ernst nimmt.

Diese Sorte Mann ist ein modernes Phänomen, das aus den USA nach Deutschland kam und sich hier seit ein paar Jahren exponentiell vermehrt. Galt die gemütliche Wampe früher als Zeichen des Wohlstandes, ist heutzutage das stählerne Sixpack der

Traum, dem junge Männer nicht nur im Fitnessstudio, sondern auch in der heimischen Küche hinterherjagen. Machosprüche à la »Von Salat schrumpft der Bizeps!« waren einmal, heute kennt der Sportfreak seinen Bedarf an Kalorien, Kohlenhydraten, Eiweißen und Fetten auf die zweite Kommastelle genau im Schlaf. Er isst nach einem strikten Tagesplan und bereitet sein Essen gerne schon ein paar Tage im Voraus, als sogenanntes Meal Prep, vor. Kreativität bei den Rezepten weicht hierbei jedoch zum größten Teil der Einfachheit bei der Zubereitung. Es gibt Reis, trockenes Hühnchen und Brokkoli ohne Soße, und das jeden Tag aufs Neue. Als Highlight ist höchstens einmal ein viel zu teuer erstandener Proteinriegel eingeplant.

Wenn dieser moderne Fitnessjunkie an eine Partnerin gerät, die zwar auf ihre Linie achtet, sich aber ab und zu das Schlemmen erlaubt, wenn ihr weiblicher Zyklus danach schreit, ist Vorsicht geboten. Und sie muss sich in Zukunft darauf einstellen, dass er ihr immer ein schlechtes Gewissen einreden und den Ernährungsberater spielen wird.

In einer anderen Konstellation ist das ganze Thema kein Dilemma mehr, sondern eher eine Symbiose. Seine Partnerin, fitnessbewusst wie er selbst, kocht meist wesentlich aufwendiger als er und es entstehen gesunde Kreationen, die auch für ihn einen Gaumenschmaus darstellen, sodass er fast automatisch in Form bleibt. Andererseits ist er kein Vertreter der reinen Lehre, sondern zwingt sie beim Anhalten im nächsten Drive-In auch schon mal dazu, ihre Hemmungen gegenüber ein bisschen Fast Food fallen zu lassen und sich gemeinsam etwas Kalorienreiches zu gönnen, damit sie am Ende nicht viel zu schlank wird. Wirklich anspruchsvolle Frauen lassen sich allerdings auf eine derartige Verführung nicht ein – unterhalb eines Sternerestaurants sind sie für Ausschweifungen nicht zu haben …

Putznazis

Der Begriff Nazi erlebt gerade eine zweifelhafte Inflation und jetzt hat er es auch bis in die zwischenmenschlichen Beziehungen und sogar in die junge Ehe geschafft. Der Putznazi ist ein Mensch, männlich oder weiblich, der nicht nur auf akribischer Sauberkeit besteht, sondern sich auskennt mit Putzen und auch selbst putzen kann. Seinen Titel bekommt er von den Leuten, die ihrerseits Sauberkeit und Ordnung ganz und gar nicht auf dem Schirm haben. Dabei können Putznazis durchaus sinnvolle Aufgaben in Wohngemeinschaften haben, sie erstellen Putzpläne, wachen über deren Einhaltung und ziehen sich dabei den Unmut ihrer Mitbewohner zu – Putznazi in dieser Funktion zu sein, ist kein Zuckerschlecken. Immerhin sind sie die natürlichen Gegenpole zu den Messies, machen aber eigentlich weniger Ärger als diese.

Ihre Mitbewohner in der WG oder die Partner in der gemeinsamen Wohnung dirigiert eine gewisse Sorte selbst ernannter Putznazis unter Verwendung von Klobürste, Spülschwamm, Desinfektionsspray und Putzlappen mit Befehlen vom Kasernenhof. Nein, Putznazis sind nicht wirklich gefährlich, denn die meisten Mitmenschen kennen das beste Gegenmittel: Sie lachen die Sauberkeitsfanatiker einfach aus. Das funktioniert allerdings nicht so einfach, wenn du einen Putznazi – die männliche oder weibliche Variante – geheiratet hast. So schwierig das werden kann – dieser Konflikt muss ausgefochten werden – es sei denn, ihr verdient beide so gut, dass ihr das Problem an externe Hilfskräfte auslagern könnt …

Harmoniekonflikte

Gerieten sich Paare und Wohngemeinschaften vor einigen Jahren noch in die Haare, weil jemand immer wieder den Klodeckel offen ließ und die ganze Lebensenergie Chi durch das Kanalsystem ins Nirvana abzischt, so könnte man annehmen, dass Feng Shui für das moderne Paar heute nicht mehr die zentrale Rolle spielt. Irrtum, es heißt jetzt nur anders. Man könnte es als den Wunsch nach einer cool gestylten Wohnung bezeichnen oder – wenn man zu einer etwas älteren Generation gehört – Schöner Wohnen. Offene Klodeckel gehen noch immer nicht, aber auch gebrauchte Socken auf dem Lounge-Sofa, Mecces-Verpackungen neben dem Thermomix in der Designerküche und Billigbierdosen samt der Plastiktüte im Zengarten sorgen für schlechte Stimmung und verleihen dem einen von beiden – dem Verursacher – ein ausgesprochen schlechtes Karma – das geht nicht gut … Da hilft manchmal nur noch der Gang zum Styling-Berater – oder die Trennung …

CHAOSZENTRUM
SCHLAFZIMMER

Dieser Raum beinhaltet alles – oder zumindest kann er alles beinhalten: das romantische Liebesnest, die Traumzentrale, den gemütlichen Rückzugsort, das Rekreationszentrum für große Erfolge in der Karriere. Wie oder was soll euer Schlafzimmer sein?

Das Bett – schmal oder fett?

So geht es vielen: Ihr wohnt schon Monate zusammen, schlaft aber immer noch auf dem Klappsofa im Wohnzimmer. Die Anschaffung eines Doppelbetts ist eine aufwändige Sache – meint er und geht das Problem an wie den Kauf eines Neuwagens. Sie will es warm und kuschelig – sonst nichts. Und das kennzeichnet die moderne Ehe: Es kann auch genau umgekehrt sein. Sie kann sich nicht für das richtige Hightech-Wasserbett entscheiden, er vermisst Wärme und Liebe auf der Standardmatratze unter einer einfachen Bettdecke. Wichtige Entscheidungen sind zu treffen, denn ihr verbringt viele Nachtstunden in unmittelbarer Nähe zueinander. Zwischen ca. 22 Uhr und 7 Uhr morgens und auf Matratzen von 90 Zentimetern bis 1,80 Meter Breite passiert vieles und es ist alles möglich: Ringkämpfe im REM-Schlaf, Schlafwandeln, Kämpfe um die Bettdecke, gemeinsame Mückenabwehr ...

Geräusche in der Nacht ...

Nein, kein Kettenklirren oder gespenstisches Heulen – Verdauungsgeräusche. Das ist an sich kein großes Problem, könnte man meinen, die Liebe bügelt ja manches glatt, aber tief in der Nacht lauert in diesem Bereich eine Gefahr, mit der man anfangs vielleicht nicht so gerechnet hat – der Schlafzimmer-Super-GAU sozusagen. Denn womöglich bleibt es nicht bei exotischen und relativ leisen internen Verdauungsgeräuschen, es kann ja schlimmer kommen. Und zwar ein rückwärtiger Kontrollverlust, eine humanoide Eruption mit gefährlichen Gasen wie Methan und Schwefelwasserstoff und duftintensiven Mercaptanen und Indolen. Was ihr oder ihm in tiefster Entspannung entfährt, kann sich nicht nur an der

Kerzenflamme neben dem Bett entzünden – zudem fällt auch noch der Geruch unter die Genfer Konvention. Hinterhältige Winde eben … Was dagegen zu tun ist? Verbot von Bohnen und Zwiebeln beim Abendessen ist nur eine erste Maßnahme …

Schockerlebnisse unter der Bettdecke

In manchem Thriller schreit eine Frau im Bett schrill auf, wenn der Einbrecher/der potenzielle Mörder sie entdeckt hat. Diese Art von Schrei ist eigentlich in der Realität relativ selten. Viel häufiger schreit der Mann überrascht und erschrocken auf – nämlich dann, wenn ihn die eiskalten Füße seiner Frau berühren. In einer jungen Ehe gibt es auch für dieses Zusammentreffen immer ein erstes Mal und es ist fraglich, ob es das schönste ist …

Schnarchen

Ratzen, schnorcheln, einen Wald zersägen – es gibt unzählige Begriffe für jenes Verhalten, welches im wahrsten Sinne des Wortes für Krach in der Partnerschaft sorgt. Kaum zu glauben, aber was schon Opas Ehe in Gefahr gebracht bzw. zur Auflösung des gemeinsamen Ehebettes geführt hat, gefährdet auch die moderne Ehe in nicht zu unterschätzender Weise. Ob du selbst jede Nacht aufs Neue das Sägewerk in Betrieb nimmst oder unter der ohrenbetäubenden Geräuschkulisse deines Partners leidest, kann bei der Bewertung als Beziehungsproblem einen gewaltigen Unterschied machen.

Meist ist es der Mann, nennen wir ihn Mr. A. Pnoe, der – mit offenem Mund und den Nacken leicht nach hinten geneigt – lautstark schnarcht und zeitweise sogar unter Atemaussetzern leidet. Die genervten, aber auch sorgenbehafteten Äußerungen seiner Partnerin zum Thema spielt er betont uneinsichtig herunter und verweigert sich erfolgreich jeder Gegenmaßnahme. Dabei ist Schlafapnoe alles andere als harmlos. Sie könnte ihn zum Beispiel vorzeitig zu den Engelchen schicken – Herzprobleme! Auf jeden Fall aber die Ehefrau dauerhaft aus dem gemeinsamen Schlafzimmer vertreiben ... Bevor man (oder vor allem Frau) zu solch einer drastischen Maßnahme greift, gilt es, die unzähligen Tipps anderer Leidensgenossinnen aus dem Internet nicht unversucht zu lassen. Sie könnte die Atemaussetzer beim ihm zum Beispiel einfach mal selbst einleiten und ihm

inmitten seines nächtlichen Konzerts die Nase zu-
halten. Oder sie unterstützt ihn beim Finden einer
geeigneteren Schlafposition durch gezielte Tritte in
den Rücken. Von vielen Frauen getestet und ebenfalls für gut befunden: die Verwendung einer künstlichen Armverlängerung – ein Besenstiel oder ein
Zollstock sind geeignet. Wenn sie entspannt im Ses-
sel vor dem Fernseher sitzt, aber befürchten muss, er
könnte mal wieder auf der Couch einschlafen und
ihr das Liebesgeflüster in ihrem Film durch Töne
aus der Urwelt versauen, wirken kurze Anstöße
Richtung Hals wahre Wunder. Auch leichte Wurfge-
schosse wie Kronkorken oder Streichholzschachteln
sind geeignet, falls sie spontan reagieren muss.

Leider erfordern die hier aufgeführten Tipps und
Tricks aktives Krisenmanagement. Durchhalten
lohnt sich in vielen Fällen aber trotzdem, denn
vielleicht wartet er in Zukunft wenigstens mit dem
Schlafen, bis sie schon ins Reich der Träume entglit-
ten ist – oder er legt sich ganz von allein zum Schlafen nur noch auf den Bauch.

Getrennte Schlafzimmer?

Wer sie hat, ist begeistert, aber für die junge Ehe ist es ein Problem, sie zu bekommen. Man liebt sich ja so sehr und nimmt alles in Kauf: Schnarchen, Furzen, eiskalte Füße, Schlafwandeln, und so mancher redet nicht nur laut im Schlaf, sondern kratzt sich nachts an den unmöglichsten Stellen. Getrennte Betten würden schlagartige Abhilfe und guten Schlaf bringen, sind aber ehe-ideologisch nicht realisierbar. Für die meisten Paare kommen getrennte Schlafzimmer einer vorgezogenen Scheidung gleich. Na dann: weiterhin angenehme gemeinsame Schlafstörungen bis hin zur Schlaflosigkeit! Die Rettung bringt manchmal eine besondere, schlaftechnisch zugespitzte Situation: Der eine von beiden muss um 5 Uhr morgens aufstehen, der andere kann bis 8 Uhr schlafen – aber um fünf werden beide vom Wecker oder einem Mobiltelefon unsanft geweckt – jeden Morgen, die ganze Arbeitswoche lang. Vielleicht kommt in dieser Situation der Langschläfer/ die Langschläferin auf die Idee, man könnte doch … erstmal nur testweise und nur an den Werktagen, mal kucken, ob es etwas bringt – in getrennten Zimmern schlafen …

MÄNNERKRAM, WEIBERKRAM?

Es gibt eine Reihe von Charaktereigenschaften, die mehr oder weniger mit dem jeweiligen Geschlecht verbunden sind und die du kennen solltest – vor allem auch deshalb, weil sie Teil deiner Person sein könnten.

Ego-Verstärker Automobil?

Er und sein Auto: Die Autoindustrie des 20. Jahrhunderts lebte zum großen Teil davon, dass die männliche Selbstdarstellung nur einen einzigen Weg kannte: fettes Auto. Sein Fahrzeug musste sein wie er selbst: sportlich und bärenstark – obwohl er, objektiv betrachtet, ein Hänfling, Spargeltarzan oder ein abgeschlaffter Bürohengst war oder, um die horizontal exponierte Gegenseite nicht zu vergessen, zur Fraktion der Bierbauchträger, konsequenten Kalorienvernichter, Schwabbelpriester, Schwimmringexperten oder der verhinderten Sumoringer zählte. So war das gestern.

Heute kann es sein, dass er einen Kleinwagen fährt oder aus ökologischen Gründen ganz auf ein Auto verzichtet, während sie – natürlich nur ein satirischer Einzelfall – mit dem SUV beim Reformhaus vorfährt, selbstverständlich nicht aus Prestigegründen, sondern nur, weil dieser Typ Auto so praktisch ist.

Hightech pur

Er und sein Handy: Beim Lesen von Produktrezensionen liegen Männer noch vorn und sie können die technischen Eckwerte ihrer Mobiltelefone wie früher die Zahlen aus dem Autoquartett herunterbeten wie das Vaterunser. Bei ihr kommt es mehr auf Farben und Formen an – benutzen tun sie die Geräte aber beide und es ist ein schönes Gefühl der Zusammengehörigkeit, wenn auch die Smartphones zueinander passen. Das stellt aber kein Problem dar, denn eigentlich passen alle Smartphones zueinander, weil sie alle gleich aussehen.

Er wechselt sein Smartphone häufiger. Wie er sagt, aus technischen Gründen, er ist ja ein Mann des Fortschritts. Aber vor allem brauchen Männer immer neues Spielzeug. Sie liebt ihr Handy, auch wenn hin und wieder der Akku schwächelt, ist sie ihm treu und will es nicht wechseln, wie sie auch ihren Mann behalten will. Doch sie kauft ihm immer mal wieder ein hübsches neues Mäntelchen im Zubehörhandel. Dem Smartphone, nicht dem Mann, obwohl es bei dem im Laufe der Zeit auch manches zu bemänteln gibt.

Ähnlich sieht es beim Computer aus. Er weiß, was drin steckt, sie weiß, wie man ihn benutzt. Er behebt als Hardware-Hero die Defekte, sie hilft ihm beim Umgang mit den sozialen Medien und als Powerpoint-Princess und Softwarekriseninterventionsexpertin, wenn er sich in den Menüs verläuft und die Krise kriegt.

Klischees im kollektiven Kleiderschrank?

So stellen wir uns das vor: Sie und ihre Handtaschen – Gucci, Cartier, Bottega Veneta oder wenigstens Salvatore Ferragamo. Aktien lohnen sich nicht mehr, sie weiß schon, wo frau ihr Geld anlegen kann …

Sie und ihre Schuhe – sie besitzt so um die 300 Paar, fast für jeden Tag eines! Alles stereotyp oder was? Steckt in diesen Vorstellungen nicht auch ein bisschen Wahrheit? Das solltest du als junger Ehemann rasch herausfinden, damit du weißt, wie viel Reserve dir noch auf eurem gemeinsamen Konto für die Aktiengeschäfte bleibt. Je voller ihr Kleiderschrank, desto eher solltest du zu Pennystocks greifen …

Vorsicht, kommunikatives Desaster!

Bevor uns alle anerkannten Hobbypsychologen als ignorant verurteilen: Kommunikation ist und bleibt das A und O einer guten Beziehung, der einvernehmliche und kontinuierliche Gedankenaustausch. Und da ist vor allem sie absoluter Profi. Nicht alles, was sie redet, ist pures Gold, das ist ihm bekannt, aber hat er wirklich schon die richtige Einstellung dazu gefunden? Warum geht er fast in die Luft, wenn sie abends auf der Couch seinen Lieblingsfilm häufiger und intensiver live kommentiert als ein TV-Moderator das spannendste Bundesligaspiel? Und das Ganze nur, um ihm dann beim nächsten Streit vorzuwerfen, dass er nicht zuhören kann und dass er nie auf ihre Äußerungen eingeht. Der wahre Grund: Sie mag sein Programm nicht. Das Leben ist unfair? Er sollte sich daran gewöhnen.

Das zugrunde liegende Problem betrifft allerdings beide Geschlechter; es trägt den alles erklärenden Namen »Ohren auf Durchzug«. Sowohl sein als auch ihr Gehirn bildet sich im Verlauf der Beziehung immer häufiger ein, die eingehenden Sprachinformationen filtern und dementsprechend selektiv weiterverarbeiten zu können. Unwichtiges Geschwätz wird noch in der Hörmuschel entsorgt, indem die Verbindung zum Sprachverstehenszentrum des Gehirns mithilfe einer Ganglienweiche unterbrochen wird. Die eingehenden Sprachfetzen landen direkt im zerebralen Papierkorb. Diese Strategie hat sich wohl weitgehend bewährt, denn sonst hätte Mutter Natur längst einen Riegel vorgeschoben. Perfekt ist das Direct-to-trash-Verfahren allerdings nicht. Manchmal muss es Sätze wie den folgenden bearbeiten – und scheitert daran …

»… und dann meinte Inge noch, dass Egbert niemals mit so einer knallbunten Freizeithose auf die Hochzeit seiner älteren Schwester hätte gehen dürfen, so etwas tut man einfach nicht, das ist eine Unverschämtheit ohnegleichen gegenüber der Verwandtschaft, die ja schließlich … ach, übrigens, bevor ich es vergesse, ich habe gestern die Scheidung eingereicht … die ja schließlich ein Recht darauf hat, ein solches Fest in angemessener Umgebung zu feiern, und da kann er doch nicht herumlaufen wie der letzte Penner …«

Dann entscheid du doch!

Gegen ihren unermüdlichen Mitteilungsdrang beim gemeinsamen Medienkonsum hilft nur die schlimmste Medizin: Sie wählt das Abendprogramm aus, Liebeskomödien sind voll ihr Ding. Gerard Butler und Leonardo DiCaprio sind ab jetzt seine besten Homies. Er verflucht sich dafür, aber dieser gravierende Fehler passiert im Laufe seiner Ehe immer wieder. Das ist wohl kein Wunder bei der Wahl zwischen Pest und Cholera: Liebesfilm oder Real-Life-Drama? Na, Stirnrunzeln? Wenn er sich nicht entscheiden kann, könnte er doch einfach seine neuen Kumpels Gerard und Leonardo um Rat bitten – die haben mehr Ahnung von Romantik als der durchschnittliche Ehemann, sollte man meinen.

Über einen bedeutenden Sachverhalt sollten sich junge, erotisch aktive Männer immer im Klaren sein: Ohne Romantikkomödien funktioniert das weibliche Hormonsystem nur im Energiesparmodus.

Nach Folge 2140 von *Liebesrausch im Rosengarten* hingegen sind später ihre Bedürfnisse im gemeinsamen Schlafzimmer ganz andere als nach einem *Tatort* oder einem Horrorfilm. Er könnte also von seiner Großzügigkeit profitieren!

Guck du ruhig deine Sportsendung!

Es wird auch Abende geben, an denen sie ihm ganz allein die Herrschaft über das Medienzentrum überlassen wird. Was sie dazu gebracht hat? Schwer zu sagen, aber mit Sicherheit geschieht das nicht einfach nur so – sie hat Hintergedanken. Sie sitzt also wunderbar schweigend neben ihm vor dem Bildschirm, es läuft Baseball und gerade vor dem entscheidenden Homerun muss sie dann doch noch ihren Senf dazu geben. »Sag mal, findest du das nicht auch irgendwie unheimlich langweilig? Ich begreife die Regeln überhaupt nicht! Und warum rennt er jetzt los wie von der Tarantel gestochen? Warum haben die diese bescheuerten Klamotten an?« Er ist wie vom Blitz gerührt. Was hat er nur falsch gemacht, warum hat sie ihn in diese Falle laufen lassen? Wahrscheinlich hat er nur die Gegenleistung für ihre Großzügigkeit vergessen: Sie wollte hören, was für eine unheimlich gute Partnerin sie ist, die ihm jede Freiheit gewährt.

AUF DER PISTE

Einkaufen, ausgehen, Essen gehen – es ist schon wichtig zu wissen, was der Partner/die Partnerin tut, wenn er oder sie die eigenen vier Wände hinter sich lässt, besonders dann, wenn das allein geschieht. In den meisten Fällen wird das problemlos für die gemeinsame Beziehung funktionieren, aber manchmal wird der abschließende Bericht über die Exkursion bisher unbekannte Seiten am Partner enthüllen …

Outdoor

Bevor er und seine Freunde zu einer Wanderung aufbrechen, verfallen sie erst einmal in einen Ausrüstungsrausch. Wenn sie sich anschaut, was sie alles für unentbehrlich halten, fragt sie sich, wie Amundsen und Scott länger als zwei oder drei Stunden in der Antarktis überleben konnten. Eine Expedition barfuß und ohne Süßstoff durch den Himalaya ist eine Kaffeefahrt gegen die Wochenendwanderung über den Rothaarsteig im Sauerland oder den Drei-Tage-Trip durch Baden-Württembergs Urwälder. Sie nehmen mit: ultraleichtes Trekkingzelt, Isomatte, Schlafsack, Kopfkissen, Handtuch, Kulturbeutel, Pocket-Shower-Reisedusche, Gaskocher, Kochgeschirr, Titanbesteck, Messer, Outdoorstuhl, Kopfleuchte, Action-Cam, GPS-Mobiltelefon, Powerbank – manch anderer Gegenstand verschwindet noch im Rucksack. Die geplante Wanderstrecke: 23,7 Kilometer. Die Frage an dich als Partnerin: Würdest du bei so einer die persönlichen Grenzen auslotenden Wahnsinnsaktion mitmachen?

Einkaufen – kann man ihn schicken?

Modeexperten behaupten, es würde langsam besser, aber noch immer lassen sich Männer, die allein einkaufen, von skrupellosem Verkaufspersonal die schlimmsten Designschocker und Ladenhüter andrehen. Wenn er sich eine Hose kauft – ooops! Wenn sie nicht ein Leben lang mit einem Mann in Original Nervenschock-Design herumlaufen möchte, sollte sie ihm auf liebevolle Art und Weise ein paar Tipps geben, die ihn vor dem Schlimmsten bewahren könnten:

- Egal wie warm es ist: Man(n) trägt keine Kurzarmhemden mehr, es sei denn, man ist Verkehrspolizist und steht mitten auf der Kreuzung.

- Achselshirts fangen mit A an – A wie Assi.

- Für Hemden gilt: Karohemden passen wunderbar zu ihm, wenn er Bergbauer oder Holzfäller ist.

- Hawaiihemden: *Yellow and pink – put it in the sink!*

- Nicht nur der amerikanische Karrierist weiß: No brown in town!

- Freilaufende Männer in kurzen Hosen, die deutlich überm Knie enden, gehören sicher ins lokale Altenheim, aber nicht in das Start-up-Büro.

- Auch wenn noch so viele versuchen, Socken in Sandalen als Trend zu verkaufen – ja, vielleicht, aber nur auf dem Sommerfest des örtlichen Schrebergartens und dort auch erst nach 22:30 Uhr.

- Sechs Jogginghosen im Schrank – das ist genug!

Ehefrauen im Kaufrausch?

Junge Ehepaare wissen es. Kaufrausch macht nicht mehr so viel Spaß, wenn jeder das eigene Geld unter die Leute bringt. War früher der Ehemann zugleich eine Art Sugardaddy mit dickem Bankkonto (er tat zumindest so), so geht heute alles auf eigene Rechnung. Was nicht bedeutet, dass dem Einkaufen heute nicht ein gewisses Suchtpotenzial innewohnt. Manche Paare verfallen an Wochenenden in konsumbedingte Erregungszustände. Aber vor allem einige Frauen brauchen Kaufen als Kick. Das muss allerdings nicht bedeuten, dass sie planlos irgendetwas erwerben; mehr als zwei Drittel der shoppenden Frauen suchen nach einer ganz bestimmten Sache, aber auch nach dem ganz bestimmten Glücksgefühl, wenn sie durch die Kaufhäuser und Boutiquen ziehen. Zwei von fünf Frauen gehen übrigens am liebsten allein auf Einkaufstour und nur bei 17 Prozent kommt es zu orgiastischen Gefühlen mit Verschwendungsanfällen – eben dem Kaufrausch –, wenn der Partner mit dabei ist. Wenn er also Geld sparen will: einfach mitgehen!

Freizeit: Vorsicht, freilaufende Ehepartner!

Manche klären es vorher: Darf sie allein tanzen gehen? Die Kombination Clubbing-Queen (♀) und Couchkartoffel (♂) ist ja nicht selten. Eifersucht? Selbstverständlich geht er allein mit Freunden zu einer Sportveranstaltung oder in die Kneipe. Misstrauen? Dafür gibt es beim durchschnittlichen Mann überhaupt keinen Grund – oder doch? Dem Autor ist ein Typ bekannt, der regelmäßig mit der Sporttasche das Haus verließ und nach zwei bis drei Stunden zurückkehrte, ohne die Tasche auch nur geöffnet zu haben. Für die besondere Sportart, die er praktizierte, brauchte er ganz und gar keine Sportbekleidung.

Alle Probleme lösen sich mit einem Schlag, wenn ihr euch für das Konzept der Polyamorie entscheidet, das im Augenblick so viele begeisterte Anhänger findet wie die vegane Ernährungsweise und die Idee, man könne durch Fahrradfahren die Welt retten. Mehrfachbeziehungen ohne Eifersucht, mit langfristiger Orientierung, Transparenz und dem Konsens aller Beteiligten werden schließlich schon seit Jahrtausenden praktiziert – bei der äußerst fortschrittlichen Schimpansenart der Bonobos …

Auswärts essen gehen

Auch junge Paare gönnen sich manchmal etwas. Unter Gönnen kann man allerdings viel verstehen. Wie viel Sterne und wie viel Trinkgeld? Das wäre vorab zu klären. Der typische Konflikt beim Ausgehen ist nämlich die Trinkgeldkrise. Das Essen war gut und die Kellnerin ist ausnehmend hübsch – das veranlasst ihn zu Großspenden, aber sie will das nicht. Bezahlen tut er dann zu Hause.

Ein anderer Kritikpunkt: Sein oder ihr Verhalten im Restaurant offenbart Bereiche des Charakters, mit denen man sonst nur selten konfrontiert ist.

- Das gute Benehmen: Haben er oder sie die nötige Sensibilität für die Situation und passen sie ihr Verhalten entsprechend an? Wichtig sind die Gesprächslautstärke, der Umgang mit dem Mobiltelefon, aber auch die Gesprächsthemen. Weder ekelerregende Krankheiten noch eine dramatische Schilderung der eigenen Lebensmittelallergien wird die übrigen Gäste erfreuen. Hier ist entweder Erziehungsarbeit nötig – oder die Suche nach einem neuen Partner.

- Wie verhält der Partner/die Partnerin sich dem Personal gegenüber? Männer geben gern den dicken Macker, beschweren sich lautstark, rufen nach dem Geschäftsführer oder nerven die Bedienung in anderer Weise. Das könnte auch ihr später in einer alltäglichen Konfliktsituation passieren.

- Redet er/sie über Geld? Diskussionen über das Preisniveau würde ein Mann von Welt/eine Dame von Geschmack sich niemals leisten. Auch ein Trinkgeld in angeberischer Weise zu überreichen – »Der Rest ist für Sie!« – sollte erzieherische Schritte zur Folge haben oder Zweifel an der Wahl des Partners aufkommen lassen.

OBERFLÄCHLICH, VORHERSEHBAR UND VIELE KLISCHEES!

Um die üblichen Rezensionen bei Amazon gleich vorwegzunehmen, hier ein Gruß an potenzielle Rezensenten: Ja, ja, schon klar! Ihr wisst das alles besser, ihr lebt in der paradiesischen Welt des echten Erlebens, jeder eurer Gedanken ist originell und alle eure erotischen Einfälle kann man nur ausgesprochen kreativ und einzigartig nennen wie die großen Liebesdramen der Weltliteratur. Euer Leben ist ein einziges authentisches Abenteuer voller ungezügelter Leidenschaften und wilder Begierde. Es flattern Schwärme von Schmetterlingen in euren Bäuchen und eure Gehirne erbrüten unentwegt nie gehörte Liebesschwüre. Für euch ist nur Literatur zum Thema Liebesleben von William Shakespeare, Jane Austen, Margaret Mitchell, Charlotte Brontë und Colleen McCullough gut genug. Und dieses Buch hier ist nichts weiter als eine Buchstabensuppe, Junkfood, eine Ansammlung von ganz gewöhnlichen Stereotypen ...

Vermutlich ist das richtig. Bleibt die Frage: Warum habt ihr es dann bis hierher gelesen?

ÜBER DEN AUTOR

Norbert Golluch, geboren 1949, arbeitete zunächst als Grundschullehrer, bevor er sich – nach einigen Jahren als Verlagslektor und Redakteur einer Satire-Zeitschrift – als Autor selbstständig machte. Zu seinen zahlreichen Bestsellern gehört zum Beispiel *555 populäre Irrtümer*. Norbert Golluch wohnt und arbeitet im Bergischen Land in der Nähe von Köln. Er hat als Vater zweier Töchter hautnah einschlägige Erfahrungen sowohl mit ersten pubertären Liebschaften, Romantikkrisen und Fast-Verlobungen sammeln können, aber auch schon eine der beiden jungen Damen zum Traualtar begleitet.

96 Seiten
8,99 € (D) | 8,99 € (A)
ISBN 978-3-7423-0640-1

Wir beide in 100 Listen

Ein originelles Ausfüllbuch
für Paare

Was macht unsere Beziehung besonders? Wir beide in 100 Listen bietet euch die Möglichkeit herauszufinden, was eure Beziehung so einzigartig macht. Beim Ausfüllen könnt ihr euch noch näherkommen, indem ihr in gemeinsamen Erinnerungen schwelgt, euren gemeinsamen Alltag reflektiert, Neues übereinander erfahrt oder einfach miteinander schmunzelt. Besonders spannend wird es, wenn ihr das Buch später wieder zur Hand nehmt und überprüft, ob ihr noch immer die gleichen Interessen teilt, ob ihr eure Zukunftspläne schon in die Tat umgesetzt habt und inwieweit sich euer Leben sonst verändert hat. So wird dieses Buch zu einem ganz besonderen Erinnerungsstück.

Auch als E-Book erhältlich

128 Seiten
9,99 € (D) | 10,30 € (A)
ISBN 978-3-7423-1016-3

Norbert Golluch

Das Survival-Handbuch für Väter

Entspannt vom Schwangerschaftstest bis zum Abitur

Ist Batman ein zulässiger Jungenname? Sollte man im Kindergarten schon Chinesisch können? Und wann dürfen die Kleinen endlich mit ins Stadion? Fragen über Fragen! Zum Glück bereitet dieses Handbuch jeden Vater gründlich und ehrlich auf den harten Alltag mit Kind vor. Mit der richtigen Einstellung und einem eisenharten Willen wird Papa fit gemacht für eine Welt voller Fallstricke: Ob Windeln wechseln, Großelternbesuche, pubertierende Zombies oder die obligatorischen Machtkämpfe um die Fernbedienung – Geistesgegenwart und Kampfgeist können jedem Vater das Leben retten. Ein unerlässlicher Ratgeber für angehende, frisch gebackene und erfahrene Väter. Garantiert vorurteilsbehaftet, pädagogisch bedenklich und subjektiv!

riva

Auch als **E-Book** erhältlich

200 Seiten
9,99 € (D) | 10,30 € (A)
SBN 978-3-86883-867-1

K. H. Sridhar

Klapp die Klobrille runter, sonst fällt ein Gegentor!

Nicht ganz moralische Psychotricks für die Beziehung

Für jedes Thema rund um die Partnerschaft gibt es zahlreiche Ratgeber: Kennenlernen, Streit, Seitensprünge, Trennung. Doch was, wenn es insgesamt eigentlich ganz gut läuft und es die kleinen Dinge des Alltags sind, die einen aus der Haut fahren lassen? Wenn der Klodeckel mal wieder nicht runtergeklappt ist, schon wieder Haare im Waschbecken liegen oder statt der neuen Serie den ganzen Samstag Fußball im Fernsehen läuft. Dann wünscht man sich manchmal, den Willen des Partners kontrollieren zu können. K. H. Sridhar macht genau das möglich! Seine kleinen Psychotricks wenden Kniffe aus der Wirtschaftspsychologie auf den Beziehungsalltag an und helfen jedem Leser dabei, auf augenzwinkernde Art und Weise die Partnerschaft positiv zu beeinflussen.

riva

Bibliografische Information der Deutschen Nationalbibliothek
Die Deutsche Nationalbibliothek verzeichnet diese Publikation in der
Deutschen Nationalbibliografie. Detaillierte bibliografische Daten sind im
Internet über http://d-nb.de abrufbar.

Für Fragen und Anregungen
info@rivaverlag.de

Originalausgabe
1. Auflage 2020
© 2020 by riva Verlag, ein Imprint der Münchner Verlagsgruppe GmbH
Nymphenburger Straße 86
D-80636 München
Tel.: 089 651285-0
Fax: 089 652096

Textliche Mitarbeit und Beziehungsberatung: Nadja Gräfrath
Umschlaggestaltung: Pamela Machleidt
Umschlagabbildung: shutterstock.com/Tatsiana Tsyhanova, mhatzapa
Abbildungen im Innenteil: shutterstock.com/Illusart, Mecca Kamalia, Olga1818,
Wiktoria Matynia, Inspiring, Bakhtiar Zein, Zaur Rahimov, art4stock, KittyVector,
Suncheli Project, luma_art, Maria Kazanova, RedlineVector, GoodStudio, Lemurik
Redaktion: Caroline Kazianka
Satz: Satzwerk Huber, Germering
Druck: GGP Media GmbH, Pößneck
Printed in Germany

ISBN Print 978-3-7423-1512-0
ISBN E-Book (PDF) 978-3-7453-1179-2
ISBN E-Book (EPUB, Mobi) 978-3-7453-1180-8

Weitere Informationen zum Verlag finden Sie unter

www.rivaverlag.de
Beachten Sie auch unsere weiteren Verlage unter www.m-vg.de